DISSERTATION

SUR

NOS LIBERTÉS NATURELLES

ET SUR LEURS CONSÉQUENCES.

DISSERTATION

SUR

NOS LIBERTÉS NATURELLES

ET

SUR LEURS CONSÉQUENCES.

Par M. ***.

> On combat les faux raisonnemens; ce sont les faux principes qu'il faut attaquer avant tout, n'importe où ils se trouvent.
> ARISTOTE.

MARSEILLE,

MARIUS OLIVE, IMPRIMEUR, SUR LE COURS,

ET CHEZ TOUS LES LIBRAIRES.

PARIS,

LACROIX, LIBRAIRE, RUE HAUTEFEUILLE, N° 18.

1830.

SUR

NOS LIBERTÉS NATURELLES.

INTRODUCTION.

En parlant de la liberté civile, je me suis borné à dire ailleurs que nous n'en avons d'autre que celle que nous devons au Christianisme, et que cela suffit pour que nous n'ayons pas à craindre d'en être jamais totalement dépouillés. Cette liberté, si mal connue quoique nous en parlions tant, consiste véritablement *à être tous protégés par la loi*. Elle dérive naturellement de bonnes lois; elle en dérive tacitement et n'exige point que son culte y soit positivement établi. Depuis que nous sommes tous plus ou moins doués de la science législative, nous devrions nous apercevoir que la lettre tue souvent la loi, et sentir que cette pauvre liberté, étouffée par des mots, ne manquerait pas d'éprouver le même sort. Plus modeste, d'ailleurs, que nous ne nous la sommes représentée, elle ne se soucie pas qu'on s'occupe tant d'elle ; elle aime que les jouissances qu'elle procure soient paisibles. Les acclamations, les *vivat* sont peu faits pour lui plaire ; les aboiemens l'effraient et lui font prendre la fuite : en un mot, elle est aussi noble, aussi délicate que la licence est grossière et bruyante. C'est pour la servir de son goût que, lorsque j'ai parlé de la définition barbare que nous en faisons, je ne lui ai destiné qu'un petit nombre de lignes.

I.

Libertés naturelles aussi réelles qu'effrayantes.

Je voudrais pouvoir traiter aussi laconiquement nos libertés naturelles ; mais j'ai combattu si longuement les chimères avec lesquelles on abuse le peuple, j'ai tellement ravalé la souveraineté, les droits, l'opinion, la volonté et la force dont ses endormeurs lui avaient fait présent, qu'il faut bien donner une certaine place aux libertés réelles que l'on ne peut contester à l'homme et qui sont véritablement inaliénables et imprescriptibles ; libertés, d'ailleurs, qui sont d'une telle latitude, qu'elles méritent certainement qu'on y regarde de près et qu'on les considère sous tous leurs points de vue.

Cependant, il semble que si, avant de raisonner sur de pareilles matières, on voulait bien convenir du point sur lequel on va discuter et du sens que l'on doit attacher à quelques mots, on parviendrait facilement à s'entendre, et que tel sujet, celui de la liberté de la presse, par exemple, serait sûrement mieux éclairci en cinq ou six pages, qu'il ne l'a été par les milliers de volumes ou de brochures qu'on a écrits sur cette liberté depuis une cinquantaine d'années. C'est pour essayer ce moyen qu'en examinant plus particulièrement la liberté d'émettre nos pensées et le plus ou le moins de nécessité de prévenir les abus de cette liberté, je tâcherai de résister à la pente, aujourd'hui si commune, qu'on a à retourner le sens des mots les plus clairs, et que j'aurai soin, par-dessus tout, de ne point confondre un *droit* avec ce qui n'est qu'une *liberté*.

Nous avons la liberté de penser et d'agir, parce qu'il a plu à Dieu de nous la donner pour nous distinguer des brutes et de la matière, et pour que nous puissions mériter et démériter. Cette liberté entière, qui nous laisse le choix du bien et du mal, eût été un présent indigne du Créateur, s'il n'y eût joint tout ce qui nous est nécessaire pour nous empêcher d'en faire un mauvais usage. Ce que nous voyons de ses œuvres est trop admirable pour que nous puissions douter que le bien et le mal n'existeraient pas, si l'un ne devait être récompensé et l'autre sévèrement puni. Mais, sans nous laisser entraîner à parler de ce qu'il a voulu qui nous restât incompréhensible, et nous bornant à ce que nous sentons en nous-mêmes et à ce que nous voyons dans nos pareils, il est certain que nous avons la liberté de penser bien ou mal, tout comme nous avons bien visiblement celle de bien ou de mal agir, et bien plus, qu'aucune puissance ne peut nous ôter ces libertés autrement qu'en nous ôtant la vie.

L'action n'étant que le résultat ou l'exécution de la pensée, la pensée est donc le principe de l'action; on peut même dire qu'elle en est le commencement : mais, sans contredit, c'est une action complète et achevée que de manifester sa pensée; or, étant parfaitement libres d'agir, comme de penser, bien ou mal, et la manifestation de notre pensée étant une action, nous sommes donc incontestablement libres de manifester nos pensées bonnes ou mauvaises; et cela est si vrai, que c'est en vain qu'on cherche à entraver cette liberté: nous voyons bien que nous l'avons, et nous sentons parfaitement que rien au monde ne peut nous empêcher d'en faire usage.

Si, pour mieux recommander son nom à la postérité, Erostrate eût *pensé* à brûler la ville d'Ephèse tout entière, il l'aurait fait, et il en avait certainement la liberté, comme il montra qu'il avait celle de brûler son temple. Il fut fort heureux pour vingt villes circonvoisines que cet Erostrate ne fût qu'un modéré. Nous avons vu de nos jours des incendiaires obscurs n'avoir été entravés dans l'usage de leurs libertés qu'au vingtième château, ou la vingtième ferme brûlée ; d'autres, qui ont travaillé plus en grand, ne s'être arrêtés que pour jouir paisiblement des fruits qu'ils ont su retirer de leurs libertés. Nous avons vu, enfin, ce que Babeuf et ses pareils savaient très bien : c'est qu'en mettant le feu aux châteaux, il prend aux villages, aux hameaux et aux chaumières.

On voit par ces exemples qu'il ne s'agit point ici de ces libertés illusoires, de ces libertés pour rire, comme nos constitutions nous en ont tant accordé, mais de libertés aussi réelles qu'effrayantes. Il n'en demeure pas moins démontré et incontestable que nous avons la liberté de penser et celle de manifester nos pensées, lors même qu'elles sont criminelles, tout comme et de la même manière que nous avons la liberté d'attenter à la propriété et à la vie de nos semblables, d'incendier des villes, et d'empoisonner, si nous pouvons, une génération tout entière.

Dès que nous avons toutes ces libertés, et qu'il est absolument impossible de nous les ôter, à moins de nous assommer, qu'est-ce donc qu'ont demandé nos enthousiastes de liberté? Ils ont demandé que l'on convertît ces libertés en droits :

ils l'ont demandé si vivement et si unanimement, qu'on a été forcé de le leur promettre, et ils réclament l'accomplissement de cette promesse absurde avec plus de constance que ne le font des enfans, auxquels ont promet quelquefois l'impossible pour échapper à leur importunité.

Je pourrais, sans aller plus loin, adresser aux zélateurs les plus obstinés de la liberté de la presse quelques questions bien simples sur les suites de cette liberté indéfinie, ainsi que sur la nécessité absolue de prévenir ses pernicieux effets, et je doute, pourvu qu'ils fussent de bonne foi, qu'en réfléchissant attentivement sur le peu que je viens de dire, ils ne reconnussent leur erreur, et que le point en question ne fût décidé pour eux. Mais c'est aux libéraux de mauvaise foi et à ceux qu'ils s'efforcent de pervertir qu'il convient de répondre, et il faut même employer contre eux une de leurs tactiques qui, pour être assez grossière, ne laisse pas que de leur réussir. Ils savent bien qu'en écrivant c'est un défaut que de tout dire, que c'en est un que de répéter des choses généralement connues, quelques bonnes qu'elles soient. Cela les embarrasse peu : faut-il exciter au mal? ils ne craignent ni d'épuiser le sujet, ni de reproduire d'anciennes erreurs qui ont été foudroyées mille fois : les plus grossières, répétées sans cesse, trouvent toujours accès auprès de quelques esprits méchans, faibles ou sans culture. Pourquoi n'emploierait-on pas pour le bien les mêmes moyens qu'ils emploient pour le mal? Pourquoi se lasserait-on de soulever l'éteignoir sous lequel ils veulent cacher les vraies lumières, chaque fois qu'ils cherchent à en dérober la clarté?

II.
Nécessité d'étendre cette discussion.

Je n'abandonnerai donc pas si vite le sujet que je n'ai encore qu'ébauché; loin de le rétrécir, j'en agrandirai le cadre : ils attachent tant d'importance à l'obscurcir, qu'on ne saurait trop en mettre à porter la lumière. Pour cela je remonterai à la source de nos libertés naturelles : je dirai succinctement comment on en a usé jusqu'à nous, de manière qu'on puisse juger du bien qu'elles ont produit et des maux qu'elles ont causé dans les épidémies de l'esprit humain, qui précèdent presque toujours la dissolution des empires. En attendant que nos savans soient d'accord sur leurs cosmogonies, qui tendent à faire croire que la matière est éternelle, je me contenterai de la durée du monde telle qu'elle nous a été révélée. De l'aveu de leurs maîtres en philosophie, la Genèse vaut un peu mieux que tous leurs absurdes systèmes [1]. Quelques centaines d'années de tradi-

---

[1] C'est un trait caractéristique des faux savans qui ont obtenu

tion divine suffisent à tout être raisonnable ; pour eux, ils peuvent si cela leur plaît, se perdre dans l'immensité : qu'ils n'oublient pas cependant que si l'Auteur de toutes choses a livré le monde à leurs disputes, il ne leur a pas livré l'éternité. Au reste, malgré l'éloignement de mon point de départ, on peut être tranquille. Si l'histoire de l'homme et de ses passions est la plus intéressante

---

quelques succès, soit par une disposition particulière de leur esprit, soit parce que le plus souvent ils ont disposé de l'esprit des autres, que de prétendre abuser de la bonne foi ou de la crédulité du vulgaire pour faire adopter leurs systèmes les plus ridicules. Je me borne aux faiseurs de cosmogonies et aux astronomes qui leur préparent leur matière première. Ne trouvant pas notre terre assez vieille, ils lui assignent, pour rendre son antiquité plus vénérable, une vétusté de quelques centaines de mille années plus ou moins. Ils en jugent sur les calculs de mathématiques, qu'ils appellent *transcendantes*, alors qu'elles cessent d'être *exactes* par leur application à la physique, et ils en administrent, disent-ils, la preuve par les grandes révolutions des planètes, du système desquelles notre globe fait partie ; par leur retour périodique et diverses conjonctions entre ces astres ; par celui de quelques comètes, dont l'orbite irrégulière est tellement étendue, qu'elles ne peuvent reparaître pour nous qu'à des distances excessivement éloignées, etc., etc., et enfin par le temps qu'il a fallu à ces grands corps pour opérer en entier leurs grandes révolutions. Il ne manque à cette masse de preuves qu'une chose assez essentielle, et c'est précisément l'inconnue qu'ils chercheront en vain, savoir : le moment précis où cette merveilleuse machine a commencé à marcher, et l'état de ses diverses parties au moment où le mouvement lui a été imprimé. Sans être bien savant, il me semble qu'on peut leur dire. « Lorsqu'en voyant une pendule à secondes, à semaines, « à quantièmes, à phases lunaires, etc., lorsqu'après avoir bien examiné « ses mouvemens, et après l'avoir démontée pièce à pièce, vous nous « direz l'heure, la seconde où elle a été finie et où chacun de ses roua- « ges a été mis en mouvement, alors nous nous donnerons la peine « d'étudier votre système, et nous finirons peut-être par y croire. »

De même, lorsque ces savans vraiment extraordinaires, qui se battent les flancs pour croire que la matière est éternelle, et qui ne croient point

pour nous, elle est aussi la plus susceptible d'être traitée en raccourci : chacun de nous en porte un abrégé sur soi. L'homme moral est à peu près toujours le même : en ce sens, un siècle ressemble beaucoup à tous les autres siècles, et c'est surtout à cet égard qu'on dit avec vérité : *nil sub sole novum*. Rien de nouveau sous le soleil.

à l'éternité du temps, m'auront fait voir, toucher, sentir, entendre ce que nous appelons le temps, dès-lors je serai plus incrédule qu'eux, et cesserai dès ce moment de croire à aucune espèce d'éternité. Jusque-là, me servant de mes sens, et de mon jugement, moins sujet à me tromper, entre tant de choses que je crois sans les comprendre, j'en croirai deux qui me semblent à la portée des plus faibles intelligences : l'une, que la matière que je touche, que je vois se former, s'accroître et disparaître, a commencé et qu'elle finira : l'autre, que le temps, que nous divisons par la pensée et pour nos besoins, quoiqu'il soit indivisible ; que nous mesurons, quoiqu'il soit incommensurable ; que nous trouvons tantôt bien long, tantôt trop court, quoique son cours soit d'une égale rapidité ; que nous regrettons toujours et dont nous abusons sans cesse, quoiqu'il ne puisse plus revenir ; que le temps enfin, qui échappe à nos définitions, parce qu'il ne tombe sous aucun de nos sens, existe cependant et que notre jugement nous atteste son existence, mieux que ne le feraient tous nos sens réunis ; que tout commence, passe et prend fin sous son cours ; qu'il verra le monde finir ; que les couronnes immortelles tressées par la main des hommes, que la mémoire des hauts faits, que les chefs-d'œuvre qui les ont mérités à leurs auteurs, que même ces sublimes productions de leur génie seront ensevelis dans l'oubli d'une nuit éternelle ; que tout enfin, excepté ce que nous sentons d'immortel en nous, tombera sous la faux du temps, et que ce temps, qui passe si vite, passera toujours et n'aura point de fin, parce qu'il n'a pas eu de commencement. Triste bizarrerie de l'esprit humain, lorsqu'il a pris une mauvaise direction, de s'efforcer à croire ce qui est impossible, et de ne pas croire à ce qui est ! Pauvres aveugles que nous sommes ! L'Auteur de tout pouvait-il mieux nous apprendre à croire à son éternité, à son immensité, qu'en nous lançant et nous faisant passer sous l'éternité du temps ? « Savans, il y a plus là « de quoi réfléchir que dans toutes vos cosmogonies. »

III.

Origine divine de nos libertés naturelles.

Les athées et les incrédules ont beau ne pas croire en Dieu, ce Dieu n'en existe pas moins. Il n'a rien fait en vain, et si petite que soit notre terre à ses yeux, il ne l'eût pas créée, s'il n'eût pas voulu qu'elle existât. En la donnant à l'homme comme terre d'épreuve et de passage, il a entendu que l'homme y pût subsister. C'eût été une chose impossible avec la liberté indéfinie dont il lui avait fait don; il y avait joint, à la vérité, tous les moyens d'en faire un bon usage, mais il ne lui avait pas moins laissé le pouvoir d'en abuser. Il dut donc, pour que son ouvrage fût durable, opposer quelque chose à l'abus possible de cette immense liberté. Ce ne fut ni une liberté contraire, ni un droit, car il n'a point créé de chimères. L'homme seul peut aliéner son intelligence au point d'imaginer *un droit égal pour tous*. C'eût été d'ailleurs créer un état de guerre, qui aurait tranché la vie de l'espèce humaine presqu'au sortir de son berceau; l'homme, créé pour vivre en état de société, n'eût eu ni l'idée ni le temps d'en former une. Pour qu'il pût remplir le but de la création, user de sa liberté et résister à ceux de ses semblables qui abuseraient de la leur, Dieu incréa en lui l'amour de la vie, quelque misérable qu'elle pût être, et lui fit *une loi, un devoir* de veiller à sa conservation; et la liberté lui ayant été donnée sans restrictions, ce devoir lui fut imposé de la même manière.

IV.
Histoire universelle de l'homme et du monde en une page.

A peine la première génération de l'homme promettait-elle de nouveaux fruits, que déjà elle put prévoir à combien de misères ses descendans seraient sujets. Déjà le vice sembla s'être emparé du droit d'aînesse : le premier né de l'espèce humaine, qui déjà avait reçu l'exemple de la désobéissance, donna à la terre naissante celui du premier et du plus grand de tous les crimes. Loin de fuir son exemple, ses descendans se montrèrent disposés à l'imiter : comme lui ils abusèrent de leur liberté.

Dès que le nombre des générations, qui n'avaient encore connu que l'autorité patriarcale, se fut augmenté au point qu'il ne resta plus que les liens de famille; lorsque ceux de parenté, qui unissaient ces familles entre elles, se furent brisés à force de s'étendre, le berceau du genre humain agrandi se trouva contenir une multitude de petites sociétés qui, s'éloignant toujours plus de leur commune origine, se devinrent insensiblement étrangères. L'intérêt personnel, qui s'accroît en raison des rivalités, acheva de les désunir. Dès-lors, la jalousie, l'égoïsme et l'orgueil, passions les plus saillantes en l'homme et qui ne sont en lui que l'horreur de l'égalité, ces passions, sources de tant de crimes et dont nous sommes si malades aujourd'hui, se développèrent avec une activité toujours croissante. Les uns, à force d'avoir mésusé de leurs libertés, finirent par les regarder comme des droits; les autres, se lassant d'être victimes, se réunirent pour pourvoir à leur défense et à leur conservation; mais, divisés par tribus, sans ordre, sans règle, ils remplirent souvent mal ce devoir; ils en abusèrent, comme les premiers avaient abusé de leurs libertés, et devinrent souvent agresseurs à l'ombre d'une loi qui ne devait être que protectrice. Ainsi, le désordre, la confusion, la discorde s'accrurent avec la population; et tel fut l'état du monde à son adolescence, quoiqu'il fût sans doute assez grand pour le petit nombre des hommes qui l'habitaient.

IV.

Premier Législateur.

Des patriarches, doués d'une sagesse surnaturelle, des hommes visiblement suscités par la puissance infinie pour servir de guides et d'appui à la faiblesse humaine, avaient long-temps, sinon arrêté, au moins comprimé le progrès du mal; mais leur autorité s'affaiblit en proportion du débordement des libertés mal entendues, et après avoir été d'abord discutée, puis méconnue, elle finit enfin par être oubliée. Un législateur, inspiré par la Divinité, nous en conserva la tradition et donna aux hommes la première loi écrite, que leurs excès et leur penchant au mal avaient enfin rendue indispensable. Cette loi, faite pour le peuple auquel elle était destinée, quoique émanée de la divine sagesse, n'était qu'une préparation à celle, plus complète et plus universelle, que le Souverain Législateur devait nous donner lui-même. Celle-ci, complément de la précédente, est le fondement de toute vérité et de toute justice : aussi, tous les hommes supérieurs aux temps où ils vivaient, qui furent appelés à donner des lois, soit à des peuples nouvellement rassemblés, soit aux débris de sociétés dissoutes par l'abus de leurs libertés, et par l'oubli de leurs devoirs, tous sentirent que, pour que leurs lois fussent stables, ils devaient en chercher les fondemens à cette source de toute sagesse.

Ce ne sera pas m'écarter de nos *libertés naturelles* autant qu'on pourrait le croire, que de jeter un coup d'œil rapide sur la marche presque uniforme de ces législateurs et sur le fond de leur législation, où elles jouent implicitement le premier rôle. Mais, c'est, je l'avoue, une grande témérité de ma part que de me laisser entraîner à traiter de pareilles matières, surtout lorsque je me trouve en opposition avec beaucoup de bons esprits, et avec un bien plus grand nombre de ceux qui passent pour bons, Dieu sait comment, et qui tous se déclarent également les défenseurs de la liberté de la presse, et réclament avec la même ardeur une loi qui la proclame indéfinie, sauf, disent-ils, à répondre de ce dont il n'est souvent donné à personne de pouvoir répondre.

Cependant, comme j'ai vu ces mêmes bons esprits reconnaître *la souveraineté, le vœu, l'opinion du peuple, une volonté générale, des droits égaux pour tous* et bien d'autres principes fondamentaux de nos nouvelles constitutions, il me semble permis de me défier, non de leurs bonnes intentions, mais de la sincérité des opinions qu'ils ont cru devoir manifester sur des principes aussi extraordinaires. Je sais qu'il faut céder au torrent jusqu'à ce qu'on puisse lui résister avec avantage, mais il ne faut pas s'y endormir : je sais aussi qu'il est bon par fois de faire des concessions absurdes pour arriver à des conséquences justes ; mais ces figures de rhétorique trop prolongées finissent par manquer leur but ; enfin, je conçois qu'il faille un peu hurler avec les loups, pour parvenir à s'en faire entendre, mais que cela doit avoir une fin, sous peine de passer pour être loup soi-même. Hé quoi, serions-nous tellement obsédés par le mensonge, qu'il soit impossible de faire entendre une vérité? Et un état pareil se soutiendrait-il jusqu'à l'entière dissolution du corps social? Quoi qu'il en soit, je ne peux pas entendre dire que *la loi est l'expression de la volonté générale*, sans me figurer un président de comité révolutionnaire disant à ses collègues ou à ses complices : *la loi est l'expression de notre volonté*. Non, heureusement ce n'est point là la loi. Je l'ai déjà dit ailleurs au sujet de cette définition généralement reçue, quoiqu'elle soit aussi fausse que niaise : la loi est bien plutôt la répression de notre penchant au mal, ou, ce qui rentre encore plus positivement dans mon sujet, elle est *la régulatrice de nos devoirs et de nos libertés*.

v.

Origine des lois humaines.

En effet, si l'on réfléchit à ce libre arbitre qui nous rend maîtres et premiers juges de nous-mêmes, on sentira que cette liberté, toute entière qu'elle est, se compose cependant de deux parties bien distinctes. L'une consiste à pouvoir faire le bien, et l'on m'avouera sans peine que si l'homme n'usait que de celle-là, les lois lui seraient parfaitement inutiles. L'autre consiste à pouvoir faire le mal qui est bien plus facile et n'exige aucun sacrifice; et comme c'est celle-ci dont l'homme préfère habituellement de faire usage, il faudra bien convenir que c'est elle qui a rendu les lois nécessaires, et que la réprimer, ou la prévenir sitôt qu'elle se laisse apercevoir, est bien certainement leur unique objet.

Je parlerai donc des lois, sans en avoir fait ni en avoir vu faire, quoique j'aie passé ces vingt dernières années dans la ville où elles se fabriquent; je chercherai à me rappeler comment on les faisait anciennement. Quelques suppositions, quelques erreurs de détail ne m'arrêteront point, parce qu'elles seront de bonne foi et peu capables d'obscurcir une masse de vérités plus anciennes et plus durables que le monde. Je dirai à ceux qui s'en lasseront, que je suis libre comme eux d'exprimer ma pensée, et qu'ils sont parfaitement libres aussi de ne pas l'entendre; qu'après tout il y a infiniment moins de mal à parler des bonnes lois, qu'à en faire de mauvaises, comme tant de gens en ont fait sans se douter de ce qu'ils faisaient [1].

---

[1] C'est une chose vraiment curieuse, et qui malheureusement pour nous ne s'oubliera pas, que la France, vers la fin du quatrième lustre du 19e siècle, au moment où, pour se consoler de sa gloire passée, elle se déclare le grand foyer des lumières qui vont illuminer, non plus seulement l'Europe, mais le monde entier; qu'au moment où elle est éblouie elle-même d'une gloire si éclatante, si nouvelle, cette France envoie ses hommes d'Etat, ses publicistes les plus habiles, consulter le ministère anglais, la chambre des communes et le parti de l'opposition sur la manière de poser une des pierres fondamentales sur lesquelles

VI.

Législateurs des premiers peuples.

Ceux qui, après les modèles dont j'ai parlé plus haut, entreprirent de donner des lois à leurs semblables, n'eurent pas besoin, pour découvrir la source des maux qui pesaient sur l'humanité, de plus de lumières qu'il ne nous en faut aujourd'hui pour voir la cause de l'état déplorable sous lequel nous gémissons; et le remède contre un pareil désordre était sûrement plus facile à trouver pour de petites peuplades à peine formées et déjà lasses de leurs libertés, qu'il ne l'est maintenant pour un grand peuple vieilli dans la corruption, impassible de tout frein et que ses libertés excèdent cependant, au point qu'il ne passe en revue toutes les formes de gouvernement, que pour s'arrêter à celui qui saura le

---

repose sa charte, qui cependant marche sans cet appui. Grande, noble et sublime imitation des petites républiques grecques, qui, devenues aveugles à force de lumières, envoyaient chercher des étrangers qui voulussent bien leur servir de guides !

Qu'on dise, après cela, que les Français n'aiment pas les Anglais ! Qu'on dise qu'ils sont fiers et vains de leurs grandes lumières ! Ne désespérons pas que, dans peu, on aille aussi les consulter, pour savoir comment ils font pour prendre la lune avec les dents; cette ambassade fera le pendant de la première, ou peu s'en faut.... Quant à une dette de vingt milliards, on sait comment ils s'y sont pris.... On les surpassera et on fera mieux qu'eux. Quoi qu'il en soit, lorsque la France se résout à consulter les Anglais, il n'y a pas un Français qui ne puisse parler.

mieux les enchaîner. Mais si le remède était facile à trouver, la difficulté était de le bien employer, et c'est là que ces législateurs déployèrent leur génie, et montrèrent une sagesse qui a constamment servi de guide à ceux qui, depuis, ont fait de bonnes lois. Il est aisé de s'en convaincre, en observant les commencemens des peuples dont l'origine nous est connue et en résumant le fond de leurs lois, qui est presque toujours le même, parce qu'elles ont toujours tendu au même but. Aussi, pour qu'on ne confonde pas nos volées de législateurs modernes avec le très petit nombre de vrais législateurs dont la mémoire a traversé les siècles, je personnifierai ceux-ci en un seul, et, vu ce que je viens de dire sur la conformité de leurs moyens et de leur but, je ne pense pas me permettre une bien grande licence : ce qui d'ailleurs ne fait rien à l'affaire.

VII.

Quelques-unes des règles que s'impose un véritable Législateur.

Ce législateur donc, bien pénétré de l'importance des travaux auxquels il allait se livrer, commença par s'imposer des règles; car le premier devoir de celui qui entreprend de commander aux autres, est de se commander d'abord à lui-même.

Le bien étant toujours le bien, le mal étant

toujours le mal, il vit que les bonnes lois ne sont pas seulement faites pour le présent, mais que leur règne devant s'étendre sur l'avenir, leur âge ne doit se compter que par siècles; que les mauvaises, nubiles et exposées à la violence dès le moment où elles voient le jour, végètent dans le mépris et ne vivent que fort peu. Il se promit de n'en point faire de pareilles.

Il ne se crut pas plus appelé pour proposer des lois, qu'un médecin ne se croit appelé pour proposer des remèdes. En conséquence, il imposa ses lois, et n'exigea point qu'on les acceptât, mais qu'on leur obéît.

Il consulta un *très petit* nombre de sages, quand il eut besoin de leurs avis, et employa même quelques collaborateurs de son choix; mais il ne chercha point la lumière sur ce qui est clair dans le choc des opinions, parce qu'il savait que l'erreur et la discorde en jaillissent bien plus souvent. Sachant, d'ailleurs, que l'unité de principes est un des premiers élémens de la loi, il se défia de ces homogénéités prétendues d'opinion, et n'oubliant point qu'il avait à réprimer les passions des autres, il n'exposa point les siennes à se soulever, à s'envenimer en les mettant en présence de passions contraires.

VIII.

Comment on prélude à la guerre civile perpétuelle.

Ne pouvant ignorer ce qui frappe le jugement le moins exercé, il vit que le pire moyen qu'on puisse employer pour faire des lois, est de les faire faire par la multitude [1] et de les livrer à une discussion publique. L'opinion la plus générale étant nécessairement la plus mauvaise, toutes les fois qu'elle a à prononcer sur des objets qui exigent un jugement sain, de la pénétration, des lumières réelles et du génie, il s'ensuit que dans une assemblée, pour peu qu'elle soit nombreuse, l'avis du plus petit nombre doit nécessairement être le meilleur, en ces sortes de cas, et que c'est celui qu'il faudrait suivre. Quant à la discussion publique entre tant de gens si peu aptes à la fonction dont ils se sont chargés, outre cent autres inconvéniens, elle a celui d'être la répétition des discussions plus en grand et encore plus saugrenues, qui s'emparent de la société entière : dans ces dernières la majorité est souvent en sens inverse de celle des prétendus législateurs. Ceux-ci se vantent bien de respecter une loi passée contre

---

[1] C'est une multitude *cent fois trop grande* que six à sept cents législateurs prétendus ; le monde, depuis qu'il existe, n'en a pas tant produit de véritables. Aussi, il est permis de croire qu'ils ne savent pas au juste ce que c'est qu'une loi. La plupart s'imaginent, d'après Jean-Jacques Rousseau, que c'est l'expression de la volonté générale. Si cela était, ou si cela pouvait être, elle serait nécessairement mauvaise, et on n'aurait pas de peine à la faire exécuter.

leur avis, mais le peuple moins stoïque, ou plus franc, méprise la loi dont il connaît les abus, ceux qui l'ont faite et ceux qui la font exécuter. C'est un grand malheur, c'est ainsi que sont mortes, en naissant, tant de constitutions, et l'on ne peut s'attendre à autre chose, lorsqu'on fait de chaque loi une affaire de parti, et une espèce de petite guerre civile. Aussi, si cette méthode de procéder en législation est la plus vicieuse qu'on puisse imaginer, elle est parfaite pour diviser un peuple, pour le rendre, non raisonnable, mais raisonneur, hargneux, turbulent, inquiet, factieux et ingouvernable, etc., etc.

Sachant que les commandemens généraux de la loi doivent être connus de tous, compris par tous, il les exposa simplement, clairement et brièvement, et les fit tous concordans avec l'esprit de cette loi. Il ne les multiplia pas, ne les embrouilla pas au point que des légistes n'eussent pas assez de toute leur vie pour les connaître ; il ne les étouffa pas sous des mots, parce que les bonnes paroles sont aussi rares que les mauvaises sont abondantes. L'homme le plus simple, le plus borné sait parfaitement ce qu'il souhaite qu'on lui fasse et ce qu'il ne veut pas qu'il lui soit fait ; il savait, d'ailleurs, qu'un plus grand maître que lui n'a donné qu'un petit nombre de commandemens très brefs, et qui cependant rendraient l'homme parfait, s'il avait le bon esprit de les suivre.

Il reconnut la nécessité d'étudier l'esprit et le caractère du peuple au bonheur duquel il travaillait : il observa ses mœurs et ses habitudes, qui sont en lui une seconde nature, et eut grand soin, tout en préparant la réforme de ce qu'il y vit de défectueux, d'y conformer ses lois. Il savait qu'à part les principes généraux de justice et de morale, les mêmes lois ne sont pas bonnes pour tous ; que tel peuple, qui n'est séparé d'un autre que par un petit bras de mer, a souvent les inclinations aussi nobles et les mœurs aussi douces, que l'autre peut les avoir basses et grossières; que l'un aussi franc, aussi léger que l'air qu'il respire, l'autre aussi sombre, aussi lourd que les vapeurs dont il est empesté; que l'un sensible, généreux, libéral comme son sol, l'autre cupide et avare comme l'océan qui engloutit tout et ne rend rien ; que l'un, enfin, paisible dans son état naturel et tempéré comme son heureux climat, et l'autre agité et orageux comme l'élément des tempêtes dont il est entouré, ne demandent point à être régis par de mêmes lois... Quant à ce que des intrigans voulurent lui donner pour l'opinion et pour la volonté du peuple, il n'y eut pas le moindre égard, persuadé qu'un peuple ne peut avoir ni une opinion ni une volonté.

Il sentit qu'un peuple qui ne sort pas immédiatement de l'état de barbarie, n'est réduit à demander des lois que parce qu'il a secoué le joug de celles sous lesquelles il devait vivre ; que parce que, après avoir été opprimé par ses passions, par ses libertés et par la tyrannie du mal, il s'est enfin dégoûté de haines, de vengeances, de pillages et de meurtres qui ne s'exerçaient que sur lui-même ; que parce qu'enfin il se trouve en proie à la honte et à toutes les misères, suites inévitables du crime ; qu'un peuple pareil ne se compose plus que de victimes et de bourreaux, de spoliés et de spoliateurs. Il ordonna donc aux uns l'oubli des injures et empêcha les autres de chercher à *justifier* leurs crimes et surtout de s'en *glorifier*. Il défendit les vengeances, les représailles et les délations, et présenta à tous l'oubli du passé, comme l'un des premiers moyens qui pouvait leur rendre la paix. Il ferma lui-même les yeux et couvrit d'une entière amnistie cet amas de crimes qui lui parurent assez sévèrement et assez longuement punis. Mais il rejeta bien loin de lui l'idée sacrilége de vouloir rendre légitime ce que Dieu même ne pourrait légitimer : il laissa les meurtriers à leurs remords, et sachant qu'une seule loi injuste frappe de mort le code où elle s'introduit, convaincu d'ailleurs que le tort fait à un seul innocent par deux à trois mille coupables, peut toujours facilement se réparer ou au moins s'indemniser, et que le mal reste mal tant que réparation n'en a pas été faite, loin de calmer les consciences agitées, il ne négligea rien pour ajouter à ce trouble salutaire, leur rappelant seulement qu'elles avaient seules et les moyens et le pouvoir de se calmer elles-mêmes, et il ne chargea pas moins la loi de suppléer à cet égard à ce que l'équité ne pourrait obtenir.

Enfin, il ne prit point pour promulguer ses lois, le moment où toutes les passions étaient déchaînées, les esprits encore enclins à la révolte, les cœurs endurcis par l'absence de toutes vertus, les têtes bouleversées par l'orgueil, l'ambition, l'erreur et la folie. Il vit l'absolue nécessité d'appaiser avant tout cette effroyable tempête par des instructions dont la sagesse et la simplicité pussent se faire entendre, et d'appeler le peuple à réfléchir sur ses devoirs, comme lui-même avait médité sur les siens.

IX.

Quelques-unes des instructions dont il fait précéder ses lois.

Il remit donc en évidence ces vérités immuables, que les hommes n'oublient jamais mieux que lorsqu'ils prennent pour des lumières surnaturelles l'esprit de vertige et d'erreur qui les transporte. Il leur rappela que les passions et la liberté, ces véhicules de la vie, qui empêchent qu'elle soit une simple végétation, sont les premiers mobiles de toutes nos bonnes actions, tant que nous savons les maîtriser; mais que si nous leur laissons prendre le dessus, elles deviennent la cause de tous nos maux ; que la liberté se change alors pour nous en désordre et chasse la paix de nos cœurs ; que nos passions se découvrent à nous comme nos tyrans les plus impitoyables, et qu'il est bien rare que nous puissions en ressaisir le frein.

Il leur montra que la liberté donnée à l'homme, n'est autre chose qu'un rejeton de l'arbre du bien et du mal confié à ses soins; qu'après la courte traversée qu'il aura faite, il répondra de sa culture, et que son sort dépendra des fruits qu'il lui aura fait porter. Que cette liberté n'est point ce qu'elle nous paraît, quand nos passions offusquent notre jugement; qu'elle n'est ni un droit, ni une permission, pas même un conseil, car alors elle cesserait d'être liberté.

Il leur fit observer que le Créateur, en nous faisant tous naître inégaux, et en ne nous montrant rien d'égal dans la nature, nous a indiqué par là, de la manière la plus claire, que l'égalité n'est pas bonne pour nous; qu'il n'est pas certain qu'elle pût convenir à ces insectes éphémères que le même jour voit naître et mourir; que pour l'homme destiné à vivre quelques années, il vit assez pour sentir que l'égalité n'est pas sa passion favorite, et qu'il doit se défier de celui qui lui en fait de séduisantes peintures : c'est l'orgueilleux qui, les pieds dans la fange, ne peut rien souffrir au-dessus de lui, et veut que tout soit égal à ses pieds. Nous ne sommes tous égaux que d'une manière : c'est devant Dieu, et nous le devons à sa grandeur infinie et à notre infinie petitesse.

Il leur confirma ce qu'il semble impossible que l'homme oublie : c'est qu'il est né pour la dépendance, parce que, quelque mauvais maître qu'il puisse avoir, il n'en saurait trouver de pire que lui-même ; que l'état auquel il doit tendre de tous ses efforts et de tous ses vœux, est l'état de paix, afin qu'il puisse se livrer au travail pour lequel il est destiné, et pour que, après avoir travaillé, il puisse goûter le repos, la santé, et jouir de la paix de l'ame, seul bonheur véritable qu'il lui soit permis d'espérer en ce monde [1].

Il leur fit comprendre que l'homme naît sans droits, que c'est la société qui les crée pour son utilité ; que c'est elle qui les donne à ceux qui la servent ; qu'elle les distribue avec équité, suivant les services qu'on lui rend, et par conséquent avec inégalité. Que toute l'égalité que l'homme peut désirer dans cette répartition des droits, ainsi que dans les lois qui le régissent, est une

---

[1] Juvenal, qui, quoique païen, sentait le prix de la prière, disait :

Orandum est ut sit mens sana in corpore sano.

Sat. *des Vœux.*

Il nous en dirait de belles aujourd'hui !

égalité raisonnée et proportionnelle. Il leur fit sentir que des facultés ne sont pas des droits, que quoique nous les voyons bien inégalement réparties dès notre naissance, elles ne sont toujours que des facultés dont on ne peut se faire que d'injustes droits ; en un mot, que nous n'avons que deux moyens d'avoir des droits réels, qui sont de mériter qu'on nous les donne, ou de les acquérir loyalement.

Il leur fit apercevoir, quoique sans doute ils en eussent fait l'expérience eux-mêmes, que des concessions obtenues par la fraude, ou par la ruse, extorquées par des menaces ou la révolte, loin d'être des droits, sont des larcins qui tournent toujours au préjudice et souvent à la ruine de celui qui les fait. Que si c'est un peuple qui les commet, c'est alors un crime public qui porte avec lui sa peine, puisqu'elle commence à l'instant même où le crime s'exécute. Il leur fit concevoir que c'est un effet de l'aveuglement populaire que de ne pas voir que plus on se réunit de criminels, plus le crime devient énorme ; que le nombre, loin de garantir l'impunité des coupables, assure au contraire leur châtiment ; que la loi ne ferme jamais l'œil et n'est jamais plus active et plus terrible que lorsqu'elle frappe les peuples ; que nous croyons voir quelques coupables échapper à la justice humaine, mais que nous ne voyons point de nations y avoir échappé ;

que leur châtiment commence avec leur crime; que, pour elles, le crime d'un jour est puni par des années, par des siècles de peines, de troubles, de guerres, de honte et de calamités réunies et souvent par leur entière destruction.

Enfin, il leur recommanda de ne jamais oublier que la liberté, loin d'être un droit, est une charge bien pesante pour l'homme; que les facultés, quand elles sont supérieures et bien employées, sont des moyens d'acquérir ou de mériter des droits; qu'il n'est pas toujours bon de se prévaloir, ou d'user d'un droit même légitimement acquis; que c'est souvent un grand mal d'user d'une permission; qu'enfin, dans toutes ces libertés, ces droits, ces facultés, ces permissions il n'y a rien d'obligatoire pour celui qui les possède; tandis que tout est impérieux pour l'homme dans ses devoirs envers son auteur, envers la société et envers lui-même; et ces devoirs, il ne manqua pas de les leur faire connaître plus amplement encore que leurs libertés.

X.

Rapport immédiat des lois avec nos libertés naturelles.

Après leur avoir montré, d'une part, combien le mauvais emploi de leurs libertés et de leurs facultés naturelles, de l'autre, combien le mépris de leurs devoirs, outre-passés, oubliés ou convertis en droits et en prétextes pour mal faire avaient endurci leur cœur et obscurci leur jugement; après leur avoir fait toucher au doigt que tous leurs maux partaient de là, il n'eut pas de peine à leur persuader que ces libertés et ces devoirs avaient besoin d'être fixés, limités et mis en commun, pour que leur exercice pût être compatible avec l'existence de la société; que la loi seule devait opérer cette fixation pour le plus grand bien de tous; que les intérêts particuliers devaient se taire devant l'intérêt général; que, comme la société représente chacun des membres qui la composent, la loi représente la société entière, toutes les fois qu'il s'agit de protéger ou de défendre ses libertés légalement réglées, ou de les restreindre et de les réprimer, quand elles franchissent les bornes fixées et menacent le repos ou l'existence du corps social; que le chef de l'Etat, car il vaut toujours mieux en avoir un que d'en avoir plusieurs, le trouver tout choisi que d'avoir à le choisir, que ce chef est le ministre de la loi, qu'il est chargé de la faire respecter et exécuter ; et que si le temps seul peut lui donner sa dernière sanction, c'est lui qui doit lui donner l'avant-dernière, non en jurant de lui obéir, surtout lorsqu'on s'est fait un jeu sacrilége de la violation des sermens, mais en lui obéissant réellement; qu'ainsi ce chef est non point le mandataire de la nation à laquelle il commande, mais son représentant suprême, unique et obligé ; que son sceptre est celui de la loi ; que le respect dû à celle-ci réfléchit sur son seul dépositaire ; enfin, que de lui seul doivent émaner toutes les représentations secondaires, qui lui aident à faire respecter l'autorité de la loi et celles qu'il charge de lui faire connaître les services rendus à l'État et les besoins de son peuple ; qu'en ce sens seulement tout gouvernement est représentatif, et que hors de là il n'y a plus ni représentation ni gouvernement [1].

---

[1] Les libéraux, qui sont surtout libéraux en mauvaises maximes, répliqueront pour la millième fois : « Mais, si ce chef viole la loi, au « lieu de la faire exécuter, s'il lui substitue sa propre volonté, etc., etc. » On leur répétera pour la mille et unième fois, que ce sera un grand malheur, mais que quelque système qu'ils essaient, que quel que soit l'homme, ou les hommes qu'ils placeront derrière la loi, comme ce ne seront encore que des hommes, on pourra toujours faire les mêmes objections, et, sans doute, avec bien plus de fondement. On conçoit en effet qu'un Prince, soit qu'il naisse sous l'empire d'une loi, soit qu'il ait à modifier celle qu'il trouve établie, ou qu'il ait à en faire de nouvelles, puisse leur obéir, parce que ce n'est pas uniquement pour lui, mais dans l'intérêt de son peuple, comme dans le sien propre, qu'il les aura faites. Mais que penser d'un pauvre peuple qui s'est cru souverain ; qui, pendant neuf à dix ans, a cru régner sans savoir sur qui, ni sur quoi, et qui a prétendu faire des lois par lui-même, ou par ses représentans, c'est tout un, et faire ces lois pour lui-même ? Que dire de ce faux noble (je respecte d'autant plus la vraie noblesse, qu'elle devient de jour en jour plus rare et qu'elle est malheureuse); que dire de ce faux noble qui, ne connaissant dans son village d'autre loi que sa volonté, chargeait bonnement son bailli ou son procureur fiscal, après avoir intrigué pour les faire nommer députés, de lui aller faire des lois à sa fantaisie ; de ce propriétaire, qui pensait donner sa procuration comme pour acheter un pré ; de ce banquier, qui croyait donner une délégation ou un mandat, et que tout honneur serait fait à sa respectable signature ;

Je ne me suis pas proposé de suivre le législateur que j'ai pris pour modèle dans toutes les instructions par lesquelles il fit précéder ses lois, ni d'énumérer les sages précautions qu'il prit pour ne pas édifier sur le sable, parce que ce n'est ni sans peine, ni sans crainte de manquer son but,

---

de ce négociant, qui s'imaginait donner une commission dont on se garderait bien de surpasser les limites ; de ce bon bourgeois, enfin, qui commandait un petit code à son avocat, ou à son médecin, comme il commandait une paire de souliers à son cordonnier? *O altitudo!...* Aussi, comme ils ont été servis !

« Peuple, quel que tu sois, voisin, ou d'un autre monde, fût-on
« assez simple pour chercher chez toi un modèle de gouvernement,
« passe-moi d'emprunter une fois le ton ampoulé et magistral de tes
« endormeurs, apprends en deux lignes une vérité qu'ils te cachent
« dans un fagot de cent volumes de mensonges : la représentation d'un
« peuple n'est ni un système, ni une invention nouvelle, comme ils
« veulent te le faire croire; c'est une réalité, une vieillerie aussi an-
« tique que le monde. Tout état de société est un état de représentation.
« Chacune des familles qui le composent est représentée par le chef
« légitime, bon ou mauvais, qu'il a plu à Dieu de lui donner : de
« même le chef légitime de la grande famille les représente toutes.
« Entre bien d'autres, François Ier, Henri IV et Louis XIV ont re-
« présenté la France plus dignement que tu ne la feras jamais représen-
« ter. Si ce représentant obligé est mauvais, garde-toi d'y toucher ;
« tu n'as pas le droit de le changer, et n'y aye pas de regret, car tu
« en choisirais un pire. Quant à toi, *tu as toujours été représenté*,
« tu le seras toujours, que tu le veuilles ou non ; mais tu ne le seras
« jamais plus mal, plus dangereusement pour toi et plus platement, à
« tous autres yeux que les tiens, que quand tu prétendras te représenter
« toi-même. Et toi, peuple ami, auquel je dois une affection toute
« particulière, tu es une portion trop intéressante de moi-même pour
« que j'aie envie de te tromper, crois-moi, renonce à vouloir mettre
« le nez où tu n'as que faire : ne vois-tu pas que tu n'entends rien à
« faire des élus? Si le Ciel, dans sa bonté, t'accordait de pouvoir faire
« un choix, je te conseillerais de préférer à tout un médecin. »

qu'on parle de bonnes lois devant ceux qui peuvent y voir la critique de celles sous lesquelles ils ont le malheur de vivre.

XI.

Quelques attentions principales du Législateur dans la confection de ses lois.

Ces même raisons m'empêcheront de le suivre de trop près dans la confection des lois qui devaient remédier aux maux dont les suites étaient si déplorables. Je dirai seulement que la grandeur de ces maux l'étonna peu, parce qu'il en connaissait la source; mais qu'il fut effrayé de la quantité de crimes qu'il aurait à prévenir ou à punir. Il en vit de si énormes, qu'il feignit de les oublier, ou de ne pas les croire possibles; il porta des peines contre plusieurs, avec la presque certitude qu'elles seraient insuffisantes; il en découvrit une infinité qui étaient hors de sa portée; il vit des vices qui sont presque des crimes, peut-être même pires, puisqu'ils les engendrent, et qu'il lui était également impossible d'atteindre; il regretta de ne pouvoir effacer jusques au souvenir de ce qui dégrade le plus un peuple; de ces lois dont l'esprit fixe l'époque mieux que ne le fait leur date; de ces lois qui portent le jugement de ceux qui les font et de ceux pour qui elles sont faites; qui légalisent l'iniquité, l'injustice, les délations et le parjure; qui développent le germe de toutes les passions basses, de tous les vices honteux; qui proscrivent l'honneur et récompensent la trahison; de ces lois en un mot qu'on appela pénales, de crainte qu'on ne s'y méprît, si l'on eût continué à les appeler criminelles.

L'abus des libertés naturelles et du devoir qui leur sert de frein étant la cause unique et évidente de tous ces crimes, il en conclut que toutes les lois devaient tendre directement ou indirectement à contenir ces libertés et ce devoir dans de justes bornes, et que celles surtout qui punissent, ne devaient avoir d'autre but que d'en réprimer les abus. Ayant toujours présente à la pensée l'éternelle justice, il ne craignit point en cela de s'en écarter; car, si Dieu a donné à l'homme la liberté de penser et d'agir pleine et entière, pour ce qui concerne le for intérieur, il l'a restreinte lui-même, lorsque ses pensées et ses actions cessent d'être secrètes, en leur opposant la loi de défense personnelle... Il sentit que, loin d'être une peine, cette restriction mise à la liberté était pour l'homme un bienfait; que son libre arbitre, cette pierre de touche sur laquelle il doit être essayé, que ses libertés naturelles n'en demeurent pas moins intactes; qu'il reste toujours maître et premier juge de ses pensées et de ses actions secrètes, qui ne seront jugées en dernier ressort que par celui qui voit tout; mais que ce juge suprême, sans renoncer à les punir, abandonne à la justice humaine ces actions lorsqu'elles sont consommées ouvertement, et ces pensées qui deviennent des actions dès qu'elles sont manifestées ; et que si elles sont dangereuses ou nuisibles, c'est à la société qu'elles attaquent en corps, ou dans l'un de ses membres, à les juger et à les punir en vertu de la loi de défense légitime, et à les prévenir dès qu'elles se laissent apercevoir ; car le droit de se défendre comporte nécessairement celui de prévenir l'attaque.

En fixant les peines des délits et des crimes qui échapperaient aux précautions de la loi, ou qui braveraient sa prévoyance ; il jugea que la pensée criminelle, plus difficile à prévenir et à atteindre, plus dangereuse et plus nuisible, mérite une punition plus grave, et que cette punition doit porter l'effroi dans les ames perverses ; car si, d'abord concentrée, la pensée n'est que créatrice du crime, ce qui est déjà beaucoup, son émission, surtout écrite, en devient l'organe, le propage au loin et en témoigne ouvertement l'intention, qui est le premier et le plus frappant caractère du crime [1].

---

[1] L'intention, souvent si difficile à prouver, paraît en certains cas assez facile à pénétrer. Sans trop s'attacher à la parité de rapports qui se rencontre souvent entre le moral et le physique, on en découvre

Il eut bien moins de peine, vu l'ensemble de ses lois, à rappeler à son principe la loi de défense personnelle. Il en fit un droit éventuel et accordé seulement à celui qui se trouverait attaqué, ou bien évidemment menacé, soit dans sa

---

de plus certains entre la pensée et l'action. Le droit de défense légitime, si ancien et toujours maintenu, qui autorise un homme à tirer un coup de fusil sur celui qui franchit le mur d'enceinte de son habitation ; ce droit offre une grande conformité avec celui que la loi doit avoir sur un auteur dangereux. Si, près d'arriver au mur de clôture, soit qu'il ait laissé apercevoir ses armes, soit qu'il ait inspiré quelqu'autre soupçon, le voleur est arrêté ; quoique l'intention de voler ou de tuer soit déjà assez évidente, la loi fermant l'œil sur cette évidence trop incomplète pour elle, le condamnera comme vagabond, ou par quelqu'autre motif étranger au crime médité, à quelques mois de prison : c'est là la seule espèce de clémence que la loi puisse se permettre; car, une fois le mur franchi, l'intention n'étant plus douteuse, le crime est commis, à moins de quelque obstacle imprévu, et dès-lors toute clémence serait une injustice... N'en est-il pas de même d'un auteur qui, méprisant le secours de la censure, commence par publier ouvertement ou clandestinement des écrits dangereux, qui déjà laissent pénétrer où il en veut venir, et qui est pris sur le fait? Les admonitions, ou la peine légère que lui infligera la loi, sont sans doute une correction paternelle, une douceur de la loi, dans un cas où elle ne saurait être trop sévère. Mais si ce même auteur publie ensuite un grand ouvrage, qu'il reconnaît pour sien, où, entre cent horreurs pareilles, il dise comme Raynal (dans son Histoire politique et philosophique des deux Indes) :

« Peuples de la terre, voulez-vous être heureux? Démolissez tous
« les temples, et renversez tous les trônes..... N'écoutez plus vos maî-
« tres; substituez-leur l'écrivain du génie. La nature l'établit seul prêtre
« de la vérité, seul organe incorruptible de la morale. »

Ou bien, qu'il dise comme Diderot dans ses *Eléuteromanes :*

« *Et mes mains ourdiraient les entrailles du prêtre,*
« *Au défaut d'un cordon, pour étrangler les Rois.* »

N'est-ce pas là franchir, abattre le dernier mur de défense de la société? N'est-ce pas prêcher le crime, lui chercher des prosélytes? Ne

propriété, soit dans son honneur ou dans sa vie, uniquement dans le cas où il ne pourrait être secouru par la loi, et sous la condition expresse de prouver sans délai la légitimité de sa défense.

En parcourant la monstrueuse gradation des délits et des crimes qui assiégent sans cesse la société, il se convainquit que la seule égalité de la loi consiste en ce qu'elle soit la même pour tous, sauf les modifications et les exceptions prévues qui sont nécessaires à toute loi, et non pas à niveler ce qui est inégal de sa nature. Il ne fit donc point outrage à la justice et à la raison, en limitant, sous le barbare prétexte d'humanité, les punitions, lorsqu'il n'était pas en son pouvoir d'assigner des limites au crime : il eût frémi de prononcer la même peine contre le malheureux qui, poussé par le besoin, vole, n'importe comment, et l'exécrable régicide qui en assassinant le père de la patrie, blesse toujours gravement et souvent à mort la société tout entière.

Se voyant entouré d'ennemis si nombreux et si fortement retranchés, il n'imita point la pré-

---

croit-on pas entendre ces scélérats dire : « Si nous sommes trop lâches pour commettre ces crimes, au moins sommes-nous assurés de susciter « des conspirateurs et des assassins, qui les exécuteront tôt ou tard en « notre nom ? » Ils ne se sont pas trompés!.... On pendait alors pour vols sur les grandes routes, on rouait, on brûlait pour des crimes passant nature, et Diderot et Raynal, membres de nos premières académies, étaient reçus, accueillis, attirés par les grands !

somption de nos prétendus législateurs modernes : il appela à son secours la religion, plus puissante que la loi, qui sonde les cœurs, y étouffe les mauvaises pensées encore secrètes, et y arrache les germes du crime ; il appela aussi l'équité, plus sévère et plus rigide que la justice, et dont aucunes formes ne mitigent les jugemens, l'honneur et la délicatesse qui sont encore plus susceptibles, enfin le préjugé bien fort et bien salutaire quand il est le cri de la conscience publique [1] ; il leur permit d'avoir des tribunaux, de poursuivre les crimes obscurs, les vices déguisés ou non qu'il ne pouvait atteindre, et de les flétrir

---

[1] On se tromperait de croire que je tombe en contradiction en parlant d'une conscience publique, après avoir nié qu'il y ait une opinion publique. Lorsque le mépris tue des lois et des constitutions, c'est l'effet et la conscience publique et point du tout de ce que quelques ambitieux philosophes nous donnent pour *la reine du monde : L'opinion* est encore une souveraine de leur façon. Cela est si vrai, que nous voyons et très fréquemment l'expression bien marquée de la conscience publique, et je ne crois pas que personne puisse se vanter d'avoir vu celle d'une opinion publique, si ce n'est ceux qui la fabriquent à leur gré. Pourquoi ? Parce que nous avons tous une conscience, même ceux qui la sentent rarement, et que nous n'avons pas tous une opinion. Les gens les plus éclairés avouent franchement qu'ils ne peuvent s'en former sur bien des choses qu'ils n'ont pas étudiées ou qu'ils ne connaissent pas suffisamment ; d'autres n'en ont que sur un très petit nombre d'objets, et elles sont très diverses et très variables ; enfin, beaucoup n'en ont point, parce qu'ils ne pensent point. Il faut être élu par une nation, ou être inspiré d'en haut, chose fort rare aujourd'hui, pour avoir une opinion sur tout ; et certes il faut être fou pour voir dans ce phénomène, qui n'existe pas, *une opinion générale*, je dis même l'opinion du plus grand nombre.

par leurs arrêts, souvent plus ineffaçables que ceux de la justice.

Il réunit ses moyens aux leurs pour déverser l'opprobre sur la cupidité, l'usure, l'avarice et l'égoïsme, tous vices qui rapetissent l'ame, dessèchent le cœur, avilissent le peuple qui les tient en honneur, brisent tous sentimens et l'entraînent inévitablement à sa ruine. Il excita l'émulation par des récompenses, et lui apprit à ne se jamais laisser confondre avec l'envie; il modéra l'ambition dont le noble but était trop élevé, et la contint dans les bornes hors desquelles elle deviendrait nuisible : quant à celle dont les vues n'étaient que basses et intéressées, il s'attacha à ruiner ses projets ; il laissa à d'autres que lui d'inventer une nouvelle vaccine, non pour neutraliser ce vice, mais pour centupler son activité, le rendre national, et pour, au moyen d'une égalité idéale, faire de la passion des cœurs généreux, le vice dégoûtant des plus petites ames.

Enfin, réfléchissant sur l'heureuse impuissance où l'on sera toujours de prévoir toutes les fautes que l'homme peut commettre, pensant aux crimes qu'il avait feint d'oublier, à ceux qui ne peuvent s'atteindre, aux nombreux délits qu'il n'avait pas voulu prévoir, de crainte que sa loi ne devînt une tyrannie (car il savait que de toutes les tyrannies celle de la loi est la plus impitoyable), peu satisfait de la revue de son ouvrage, il en reconnut si bien le vide, qu'il fut à peine rassuré par les nombreux auxiliaires qu'il s'était adjoints, et certes, il ne lui vint pas dans l'idée de permettre tout ce que ses lois ne défendaient pas. Il était réservé à un siècle lumineux qui devait briller quelque mille ans plus tard, de voir des législateurs licencier tous ces puissans auxiliaires de la loi, non pas de les détruire, car ils ne meurent point, mais de fermer leurs tribunaux, de suspendre leur autorité, à les baillonner, et de déclarer ensuite que la liberté consiste à faire tout ce qui n'est pas défendu par la loi, ou, en d'autres termes, qui ont absolument la même signification, *à faire tout le mal que la loi n'a pu ni voulu prévoir*, définition de la liberté, aussi juste que celle que nous entendons tous les jours faire de la loi [1].

XII.

Seule considération par laquelle il appuie l'ordre de leur obéir.

Moins verbeux et moins fertile en *considérans* que les législateurs de nos jours, quand il eut fini ses lois, il les fit promulguer et ordonna qu'on leur obéît, en appuyant ce commandement

---

[1] Qu'on juge ce que sont les doctrines qui se fondent sur de telles erreurs, et quel est l'esprit d'une nation qui se traîne depuis trente ans sous le joug de pareils principes!

d'une seule considération, qui est : que le plus grand bonheur d'un peuple est que ses générations naissent sous l'empire d'une loi toute établie; que sa plus grande imprudence est de vouloir la changer, son plus grand malheur de la détruire, et sa plus haute folie, d'imaginer qu'il puisse s'en faire une lui-même; car quand il n'en a pas, il faut nécessairement, ou qu'un de ses membres sorte des rangs pour lui en dicter une de sa propre autorité, ou qu'il subisse la honte de recevoir celle qu'un étranger, un conquérant, peut-être même un ennemi, viendra lui imposer. Il leur souhaita que la longue et douloureuse expérience qu'ils venaient de faire de cette vérité, dont leurs arrière-neveux se sentiraient encore, ne fût perdue ni pour les uns ni pour les autres, et que la mémoire s'en recommandât de générations en générations.

C'en est assez sur les lois, sur leur rapport immédiat avec nos libertés naturelles, et sur les biens et les maux qui dérivent de ces libertés. Ce sujet, si fécond en réflexions du plus haut intérêt, mérite bien qu'on s'en occupe, et l'on ne peut qu'y gagner, pourvu qu'on ne veuille pas discuter la cause première, comme l'ont fait tant de controversistes, qui ont disséqué et alambiqué le libre arbitre, ou comme le font tant de Garo [1] qui

---

[1] La Fontaine, Fable du Gland et de la Citrouille.

regrettent peu de n'avoir pas assisté au conseil de celui que prêche leur curé, parce qu'ils ont le plaisir de critiquer son ouvrage : espèce plus stupide cent fois que ce pauvre manant qui, au moins, reconnut son erreur; tandis qu'eux, déraisonnant de plus belle, s'extasient sur leur génie et se mettent à tenir école d'ignorance.

XIII.

Ce qu'il y a de caché sous la niaiserie de quelques libéraux.

Cependant ne soyons pas les dupes de cette sottise qui passe les bornes; assurément la plupart des libéraux sont richement partagés en ce genre, mais il n'en est pas de même de ceux qui les dirigent. Cessons donc de ne voir que des mots vides de sens dans ce qu'ils appellent maintenant des doctrines, et avant de conclure sur la liberté de la presse, voyons ce qu'il y a de caché sous ces mots.

Il est clair que l'homme qui demande la liberté pour tous, ne la demande que pour lui; il veut pouvoir faire mauvais usage de la sienne. Celui qui ne veut faire que du bien, sait parfaitement qu'il en a la liberté. Il fait le bien sans s'inquiéter de savoir s'il en a le droit; l'autre, pour être plus sûr de son fait, ne se contente plus de la liberté, il veut avoir le droit de mal faire. Il en est de même de l'égalité quelle qu'elle soit. Celui qui la demande, sait fort bien qu'il ne peut l'obtenir qu'au détriment de quelqu'un; il n'ignore pas qu'elle est impossible pour tous, mais il veut qu'elle soit possible pour lui : c'est fort bête ; mais il y a malheureusement bien de ces bêtes-là, qui n'avaient rien il y a trente ans, et auxquelles rien ne manque aujourd'hui, quoiqu'elles n'aient eu d'autre talent et d'autre affaire que de répéter ces sottises-là. — Enfin, il est tout aussi évident que celui qui demande des droits égaux pour tous, a l'air de ne rien demander du tout. Eh bien ! il demande des droits pour lui ; à force de crier, il en arrache, et s'embarrasse fort peu de ce qu'en disent les autres. C'est un de nos grands malheurs qu'il soit resté sous nos yeux beaucoup d'exemples pareils.

Appliquons maintenant cette marche si simple aux prédicans de la liberté de la presse, et nous verrons que presque tous ceux qui la réclament comme le premier droit et le premier besoin de l'homme, comme le palladium de nos libertés, comme la tête de Méduse à opposer au fanatisme et à l'ignorance, comme la pierre angulaire de toutes les chartes ; qui la réclament enfin comme la première institution des institutions, ne la demandent en effet que pour eux seuls. Vingt à trente mille scribes (c'est beaucoup, mais c'est là une de nos grosses maladies), vingt à trente mille scribes aboient après cette liberté comme les dogues de basse-cour, lorsqu'on oublie leur heure, quoique, au fond, ce ne soit la grande affaire que de trois à quatre cents d'entre eux qui parviennent à se faire lire. Ce petit nombre d'écrivains, représentant de leur propre autorité la France entière, demandent en son nom cette liberté indéfinie, sans laquelle, disent-ils, elle ne peut vivre; insinuant par là qu'elle ne vivait pas sous Louis XIV. Divisés en un certain nombre de coteries, ennemies les unes des autres par esprit de parti, ceux qui les composent sont encore ennemis entre eux par esprit d'orgueil, de jalousie et d'intérêt, en sorte que chacun pris en particulier, ne demande la liberté d'écrire sans entraves que pour lui, et se promet bien d'en priver ses confrères, par les moyens connus et toujours pratiqués par les partis qui dominent. En attendant, ils n'en ont pas moins un but commun, et ce but n'est autre que de s'ériger en instituteurs des nations, et précepteurs des rois; d'être les surveillans et correcteurs des ministres, organes et facteurs de l'opinion publique, et prêtres de la morale et de la vérité!!.. C'est la doctrine toute pure de Raynal, citée plus haut; c'est un nouveau jeu : le jeu de l'école universelle.

XIV.
Leurs succès.

Il est déplorable qu'une poignée d'intrigans, soudoyés il est vrai par quelques centaines d'ambitieux qui veulent tout être ou tout détruire, et excités par quelques milliers de coupables endurcis, qui ne peuvent plus croire ni au pardon ni à la clémence, il est déplorable, sans doute, qu'une telle coalition soit parvenue à lutter contre la réunion des principaux Souverains de l'Europe, à fasciner leurs yeux et à atténuer en eux le sentiment de leur force, si grande lorsqu'elle se déploie pour le bien ; qu'elle ait intimidé leurs conseils, et trouvé parmi eux des protecteurs. Après de telles victoires, il serait aussi inutile qu'affligeant d'énumérer leurs moindres succès : peut-être en obtiendront-ils encore.... Mais ils ne triompheront pas... Qu'ils en cherchent, s'ils veulent, les raisons; autrement, ce ne sera pas moi : c'est le temps qui les leur apprendra D'ailleurs, ce n'est pas pour ces habiles que je me suis livré à cette dissertation : je n'ai pas été assez simple pour croire je serais entendu par ceux qui se bouchent les oreilles. Pour les autres, et surtout pour ceux qui ont le bon esprit de lire les écrits politiques qui sont contraires à leur opinion, ou qui n'abondent pas absolument dans leur sens, je terminerai ces réflexions, sauf à répondre ensuite aux principales objections qu'on leur oppose, en leur disant :

Que l'essence et le but de toute société est de mettre en commun des facultés quelconques, pour en retirer un plus grand avantage. Que l'ordre social n'est autre chose que la mise en commun de nos libertés, de nos facultés et de de nos devoirs, pour pouvoir, sous l'égide des lois ou du pacte social, jouir chacun de notre portion de liberté réglée par ce pacte, sans que personne ne puisse empiéter sur celle des autres; pour pouvoir jouir sans trouble des fruits que nos facultés nous procurent et des droits qu'elles nous méritent, selon que nous les employons pour la chose commune et les services que nous lui rendons; enfin, pour qu'en remplissant les devoirs que la société nous impose, elle oblige ses autres membres à remplir les leurs, suivant la place qu'elle leur a assignée pour l'utilité commune. — Cela étant, et il est impossible de dire que cela n'est pas, il est clair que celui qui demande qu'on lui rende ses libertés, pour en disposer à sa fantaisie, veut retirer ses fonds et demande la dissolution de la société. — La société, qui perd tant de ses membres utiles par l'ordre naturel des choses, les regrette beaucoup, honore leur mémoire, mais ne se dissout point pour cela. Elle se dissoudra encore moins pour un de ses membres devenu fou, et que rien n'empêche, après tout, de s'en aller ailleurs. Elle ne peut pas, avec justice, le laisser jouir des avantages sociaux, pour lesquels il déclare ne vouloir plus faire aucun frais, ni le laisser libre d'exécuter tout le mal qu'il a envie de faire, tandis qu'elle exige que ses autres membres n'en fassent que le moins qui leur est possible; elle ne peut pas enfin laisser un loup au milieu de la bergerie. — Il faut donc qu'elle fasse les frais d'enfermer cet indépendant entre quatre murailles, où il puisse faire toutes ses volontés, ou bien qu'elle l'exporte dans quelque île déserte, où il n'ait point de société.

Je leur dirai en second lieu, que si nous étions des anges, c'est-à-dire, si nous n'usions de nos libertés que pour faire le bien, le mot de loi nous serait inconnu et ne pourrait nous présenter aucune idée ; mais qu'usant assez volontiers de nos libertés pour faire plus ou moins de mal, nous ne nous sommes réunis en société que pour mieux nous défendre contre l'excès du mal. — Que les plus sages d'entre nous, inspirés par une sagesse surhumaine, ont vu la nécessité de punir ceux qui mettent le plus d'ardeur à commettre ce mal ; que cette sagesse, aimant mieux prévenir que punir, a remonté à la source du mal, et l'a trouvée dans nos passions et dans nos libertés naturelles ; qu'elle leur a opposé une digue qui pût les retenir, et que cette digue est la loi, qui laisse passer toutes nos libertés qui tendent au bien, et qui arrête au passage, ou suit de près, celles qui tendent au mal. — Or, il est évident que les agens du mal aiment le bien parce qu'ils vivent à ses dépens, mais qu'ils n'aiment pas le mur qui les sépare. Ils demandent donc que l'on démolisse cette digue incommode, que l'on abolisse ou qu'on neutralise la loi. — Il faut donc encore à cette espèce de libéraux quatre murailles, ou bien un pays où il n'y ait point de loi.

Je dirai enfin à ceux qui se sont étonnés peut-être que j'aie identifié nos pensées avec nos actions, qu'il n'y a plus lieu de s'étonner de ce qu'on les a trop différenciées. Les mots qui distinguent, divisent, classent les objets, nous sont sûrement fort utiles; mais s'il ne faut pas en détourner le sens, il ne faut pas non plus leur ôter celui quelquefois compliqué sous lequel on est convenu de les employer. Ces mots, malgré que le nom et l'espèce diffèrent, n'empêchent pas que la femme, tout aussi bien que l'homme, ne compose et ne fasse une moitié du genre humain; il en est de même de nos pensées et de nos actions, qui étroitement liées ensemble, et de même nature, composent ensemble notre liberté. D'ailleurs, on ne niera pas que la pensée, lorsqu'elle a le bien pour objet, ne soit notre plus noble action, notre plus noble occupation. Ainsi une mauvaise pensée est une mauvaise action; si on la publie, c'est une mauvaise action prolongée et aggravée par la manifestation. Les diverses manières de l'émettre y ajoutent encore plus ou moins de gravité, et le plus haut degré auquel cette gravité peut atteindre, est certainement, sans même en excepter l'entière exécution, l'émission par écrit et surtout par la voie de l'impression. — Quoique beaucoup de personnes éclairées désapprouvent l'institution du jury, et qu'elles ne voulussent pas s'exposer à en être membres, à moins d'avoir étudié les lois et le cœur humain toute leur vie, *si l'on pouvait*[1] en établir une centaine en France pour juger les délits de la presse, et les composer de personnes honnêtes, sensées et instruites, malgré mon peu de foi à cette sorte de juridiction, je croirais leurs erreurs moins à craindre en cette matière qu'en toute autre. En effet, ici, des jurés n'ont besoin ni de voir, ni d'entendre le coupable; sa contenance, son audace, son regard, ses paroles ne sauraient leur en imposer; le criminel est bien sur la sellette, mais le crime est entre leurs mains; il ne rougit, ni ne pâlit; il est à découvert, fixe, invariable. Il est là tel qu'il a été conçu; il est là, et il circule en mille endroits divers; tout le monde voit son énormité; tous sont effrayés des maux qu'il traîne à sa suite, et il n'est donné à personne d'en arrêter le cours. — Jurés, quels que vous soyez, si jamais on traduit devant vous les deux passages cités plus haut (page 39), ou cent œuvres pareilles, demanderez-vous à leurs coupables auteurs si c'est avec intention qu'ils ont cherché et ramassé pendant plusieurs années

---

[1] J'ai souligné ce *si l'on pouvait*, parce que c'est une impossibilité aux yeux de tout être raisonnable. Avant de réunir une centaine de jurys pareils, il faudrait d'abord en trouver un en France.

ces poisons destructeurs? Leur demanderez-vous si c'est avec intention de NUIRE qu'ils ont depuis aussi long-temps broyé, distillé ces poisons, et qu'ils les ont mêlés à tout ce qui est sorti de leurs mains? Leur demanderez-vous, enfin, si c'est avec réflexion, avec préméditation qu'ils en ont écrit et fait imprimer l'affreuse composition, qu'ils l'ont distribuée tantôt clandestinement, tantôt ouvertement, et enfin en bravant l'autorité des lois? Ces livres classiques du crime ne vous prouvent-ils pas que leurs auteurs pervers ne veulent ni foi, ni loi, ni roi, et, par conséquent, point de société? — J'ai indiqué des peines pour d'autres crimes : prononce et dise qui voudra quels sont les châtimens que ceux-ci n'ont pas mérités.

XIV.

Nécessité de réprimer la presse, prouvée par nos savans.

Il semble qu'on ne devrait pas plus s'attendre à des objections, lorsqu'on dit qu'il faut réprimer la liberté de la presse et la réprimer sévèrement, qu'on ne devrait en craindre en disant qu'il faut prendre les plus sévères précautions contre la peste. L'un et l'autre s'est toujours fait et se fera toujours, à moins qu'on ne soit décidément fou. En vérité, on dirait que l'imprimerie a été inventée en même temps que les montgolfières! On dirait que c'est à la presse que nous devons toutes nos connaissances, que sans elle

notre origine et notre fin nous seraient inconnues, que les siècles de Périclès et d'Auguste ne seraient pas parvenus jusques à nous! « Savans
« libéraux, vous gâtez tout ce que vous touchez.
« Corneille et Racine se seraient passés d'impri-
« meurs tout aussi bien que Sophocle et Eury-
« pide : ils faisaient des chefs-d'œuvre, ne disaient
« pas un mot de la presse, et nous en faisaient
« sentir les avantages : vous, en assurant qu'elle
« crée des génies, vous ne la faites gémir que
« sous des sottises, vous nous en faites ressentir
« les dangereux effets, et nous prouvez par vos
« ouvrages, mieux que par toute autre raison,
« l'absolue nécessité d'en réprimer les abus : mais
« passons à vos objections. »

XV.

Objection contre cette répression, et réponse.

On dit qu'il faut des lois répressives, qu'on avoue être très difficiles à faire, et laisser liberté entière d'écrire, sauf la responsabilité de ceux qui enfreindront ces lois. — J'admets que cette responsabilité aille jusqu'à la peine de mort, même jusques aux plus affreux supplices. Certainement la vie d'un homme est bien précieuse ; mais la vie de quelques millions d'hommes est quelques millions de fois plus précieuse encore. La tête de Marat n'était que celle d'un monstre; la tête de sa victime était celle de six cent mille

honnêtes citoyens. «Quoi! conspirateur audacieux,
« tu sortiras de ta caverne ténébreuse, agitant
« au grand jour les torches de l'incendie et de la
« discorde, et tu nous diras que ta vie répond du
« trouble, peut-être de la ruine de l'Etat! Mi-
« sérable orgueilleux, dis donc toi-même quelle
« est la réponse que tu mérites? » — Mais quelle
a été, dans ces jours de démence, et quelle est
encore cette responsabilité? Le calomniateur,
dont la morsure ne se guérit jamais bien, ou qui
laisse au moins une cicatrice; le provocateur,
dont un mouvement de vivacité peut faire justice, sans qu'aucune loi s'en offense, seront con-
damnés à réparer avec quelques pièces d'argent,
qu'ils se trouveront peut-être sur eux, l'injure
mortelle qu'une impunité déguisée les a invités
à faire! La personne sacrée du Roi aura été ou-
tragée par écrit, avec réflexion, avec délices:
même peine, mêmes réparations seront suffisan-
tes!... O justice! ô pudeur! êtes-vous donc allées
rejoindre la vérité dans son puits? — Ceux qui
ont fait de pareilles lois avaient peur. «Ministres
« qui les avez commandées, députés qui les avez
« faites, je vous fais la plus large blessure qu'on
« puisse faire en France; remerciez-m'en, c'est
« pour vous excuser..... Vous, qui leur avez suc-
« cédé et qui avez déjà commis bien des erreurs,
« gardez-vous de celles qui frappent une nation
« au coeur. N'allez pas décupler, centupler vingt

« fois ces misérables amendes : ce seraient des
« lois anglaises qui évaluent l'honneur à quelques
« mille livres sterling plus ou moins ! Cela ne
« vaut rien pour des Français : ils ne seront
« pas toujours fous ; craignez que, comme tant
« de ceux qui vous ont devancés, ils ne vous
« paient pas le mépris. »

On dit : (je ne parle pas de la multitude de gens qui se croient obligés de faire part au public de leurs conceptions, de leurs sottises et de l'endoctriner avec leurs inepties [1]) mais des écrivains de tous calibres disent : que les mauvaises productions ne se lisent pas, ou sont bien vite oubliées ; et que celles qui, avec quelque mérite, pourraient être dangereuses, seront combattues et victorieusement réfutées par les bons esprits, qui écrivent aussi et qui sont bien forts, lorsqu'ils s'appuient sur les principes éternels de la morale et de la vérité. — Pour ce qui est de l'oubli, n'y comptez pas lorsqu'il s'agit de mauvaises maximes. C'est de celles-ci qu'Horace a dit, à un autre sujet :

...*Semel emissum volat irrevocabile verbum.* — Epit.

---

[1] En parlant de conceptions et de sottises, on placera celle-ci où l'on voudra, mais je dois dire qu'elle n'est pas destinée à paraître au grand jour : On en peut juger par les coudées franches et à la mode que je me suis largement données pour mon soulagement. Si c'était pour dire des horreurs, ce serait excellent : mais pour la vérité, cela ne peut pas encore passer.

Et l'on peut dire des écrits dangereux, presqu'en copiant son vers :

Exemplar vicii manet irreparabile scriptum.

Telle est en effet la différence entre la parole et l'écrit dangereux. L'une vole, ne peut se révoquer, mais peut au moins se perdre dans les airs; tandis que l'écrit, qui vole aussi, qui ne peut non plus se révoquer, dépose son poison partout où il circule, imprime partout sa trace venimeuse et ineffaçable, et ne peut jamais se réparer. — Quant à l'avantage certain que l'on a en combattant l'erreur, je crois bien que quelques-uns de ces écrivains peuvent se promettre quelques succès dans une telle lutte ; je crois même que plusieurs, qui ont partagé ces erreurs, n'en sont que plus forts pour les détruire, quand ils y ont franchement et pleinement renoncé. Cependant Mirabeau, dont les vicieux s'efforcent en vain de rafraîchir la mémoire, voulut revenir sur celles qu'il avait si bruyamment prêchées ; en eut-il le temps ? Quand même ses anciens amis ne lui auraient pas ôté la *parole*, n'était-il pas déjà trop tard ? D'ailleurs, eût-il été fort pour le bien, comme il l'avait été pour le mal ? Raynal vint bien rétracter ses blasphèmes; il fit bien amende honorable de ses opinions sacriléges devant ce qu'on appelait un corps législatif. L'éloquence du repentir devait bien être autrement forte que celle du sophisme : eh bien, ceux qui l'avaient porté aux nues lorsqu'il prêchait le crime, le traitèrent de capucin quand il parla le langage de la raison. Un païen a dit, n'importe quelle fût sa croyance ou son intention : *Volentem fata ducunt, nolentem trahunt* : la conscience et le devoir nous conduisent au bien, nos passions nous entraînent, nous précipitent vers le mal [1]. Et La Fontaine, ce moraliste des petits comme des grands enfans, ne nous l'a-t-il pas répété cent fois dans notre plus tendre enfance :

>L'homme est de glace aux vérités ;
>Il est de feu pour le mensonge.

« Auteurs, vous le savez mieux que personne,
« les mauvais livres coûtent moins à faire et ont
« plus de vogue que les bons. Combien d'entre
« vous, pour un vil intérêt ou par des motifs plus
« criminels encore, établissent d'odieux calculs
« sur cette triste vérité ! C'est là ce qui vous fait
« défendre si chaudement cette liberté de la
« presse ! Mais, prenez-y garde ; croyez enfin ce
« qu'on vous a dit plus d'une fois : le métier était
« devenu trop facile ; il ne l'est plus autant. Il n'y
« a plus de courage à attaquer l'autorité ; il n'y
« a plus de dignités en évidence que vous puissiez
« avilir, ni honneur ni mérite que vous puissiez

---

[1] Ou bien : la vertu nous conduit, la vice nous entraîne.

« décrier, ni horreurs nouvelles que vous puis-
« siez débiter : la sottise, la folie, le parjure, la
« perfidie et l'audace criminelle sont rassasiés de
« vos éloges. D'ailleurs, vous êtes trop de concur-
« rens ; encore un peu, et vous vous dévorez. »

On dit, et ce sont les libéraux de Genève, de Suisse, de Hollande, d'Angleterre et de Leipsick; ces philosophes spéculateurs disent que les mauvais livres sont une branche de commerce tout-à-fait intéressante, et que tous les gouvernemens éclairés, qui ne perdent pas de vue leurs budgets, ne sauraient trop la protéger. D'autres pays ont regardé aussi les bannis comme une marchandise très lucrative par elle-même, par les droits d'entrée, de transit et de sortie dont on pouvait la charger, et par la valeur réelle et effective dont elle est toujours amplement pourvue; valeur intrinsèque et numérale qui, comme on sait, est le nerf de la politique et des révolutions, comme elle est le nerf de la guerre. Ces pays, malgré l'apparente solidité de ces calculs, ont reconnu que ces bénéfices ne sont pas clairs. Déjà ils ne veulent plus de bannis; et bientôt on reconnaîtra partout que les empoisonneurs publics ne doivent trouver d'asile nulle part.

Finissons de ces objections en réfutant la plus générale, c'est-à-dire la pire de toutes. On craint que des lois trop fortement répressives (telles qu'il en faut dans ces ébullitions périodiques qui travaillent les corps sociaux, comme le corps humain), on craint que de pareilles lois ne compriment la pensée ; que, sous prétexte de prévenir celles qui pourraient avoir quelques dangers, elles ne refoulent celles qui sont utiles et libérales ; que ces lois n'arrêtent notre marche rapide et triomphale vers la perfectibilité, et ne nous mènent à l'intolérance, au fanatisme et à l'ignorance ; on craint, enfin, de voir une nouvelle Bastille s'ouvrir et se refermer sur le citoyen philosophe aussi modeste qu'intolérant qui n'aspire qu'à réformer et régénérer les empires et les peuples [1]. — J'avoue que c'a été un grand bonheur pour nous d'avoir échappé à tous ces dangers avant 1789; sans que nous nous en doutions, ils étaient possibles : mais j'avoue en même temps qu'aujourd'hui l'on ne peut voir dans toutes ces clameurs que la critique la plus perfide du système représentatif et électif que nous avons em-

---

[1] Le plus grand abus de l'ancien régime, celui que nous avons payé le plus chèrement : *c'est qu'il n'y eût qu'une Bastille en France.* « Libéraux, ne vous récriez pas ; ce sont vos aînés, ceux dont vous « suivez les traces et que vous surpasseriez, si on vous laissait faire ; « ce sont vos frères, vos amis qui l'ont dit ; ils y ont remédié en cou- « vrant cette même France de Bastilles, dans chacune desquelles il y « avait plus de sept prisonniers ! Vous-mêmes, tolérans comme vous « êtes, trouvez-vous qu'il y en ait maintenant assez pour priver de la « lumière ceux qui ne pensent pas comme vous? Vous ne craignez « rien de pareil de la part de ces intolérans, de ces fanatiques contre « lesquels vous êtes si acharnés... Cependant, en conscience, il fau- « drait que vous en eussiez au moins la peur. »

brassé avec tant d'ardeur. Comment, après la réforme de tant d'abus, après tant de lois faites par nous et pour nous ; lorsque tous ceux qui occupent des places n'y ont été portés directement ou indirectement que par notre propre choix, nous craignons qu'ils abusent ainsi de notre confiance, qu'ils accusent nos lumières et notre expérience, qu'ils enchaînent nos pensées, qu'ils étendent leur despotisme jusque sur notre plus précieux, notre plus noble attribut ! Quoi ! après avoir tant fulminé contre l'intolérance, ces sages s'en feraient une arme pour nous asservir ! Quels choix avons-nous donc faits? Qu'est ce donc qu'une représentation réduite en système? Qu'est-ce donc qu'un système électif... populaire? — « Réfléchissez
« tant qu'il vous plaira sur ce que vous avez fait,
« ou sur ce que vous auriez dû faire; réfléchissez,
« si vous voulez, que c'est à force de crier : vive
« la liberté, qu'on la tue ; qu'il est certaines
« choses en politique que le peuple, c'est-à-dire,
« ceux qui se donnent pour le peuple, traitent
« comme l'or, qu'ils ne demandent jamais plus
« chaudement que lorsqu'ils en ont trop, ce qui
« veut dire qu'il faut, de manière ou d'autre,
« qu'on les en débarrasse : mais, pour dissiper
« vos terreurs paniques sur les abus d'autorité
« *possibles*, donnez-vous la peine de voir qu'en
« tous pays, et fort heureusement, on arrête les
« provocateurs, les spadassins, les gens suspects,

« les vagabonds, etc, etc.; qu'on les désarme,
« qu'on les bannit, qu'on les garrotte et qu'on les
« emprisonne pour des abus de liberté, ou des
« délits *réels*, sans que, sous ces divers prétextes,
« on traite de la même manière les honnêtes gens.
« Il en était ainsi autrefois, et il faut bien espérer
« qu'il en sera encore de même dans le monde
« littéraire, qui a aussi sa vermine. Donnez-vous
« la peine de voir que la police, cette autorité
« si puissante, quoique placée en dernière ligne
« dans notre législation, cette autorité, dont
« l'arbitraire se fonde et ne se règle que sur la
« nécessité et sur les circonstances, qui ne som-
« meille jamais, qui s'introduit partout, est en
« même temps si mystérieuse [1], que l'honnête ci-
« toyen s'aperçoit à peine de son existence; que,
« malgré l'espèce d'agens subalternes dont elle
« est obligée de se servir, son action est presque

---

[1] Ce mystère dont s'enveloppe la police, est bon jusqu'à un certain point, parce que souvent il est nécessaire; porté à l'excès, il devient l'excès de la tyrannie, qui, lasse de frapper à découvert, finit par frapper sans qu'on la voie. La fusion de cette autorité avec une autre qui n'a point d'affinité avec elle, forme un mauvais alliage : il est des choses qui ne s'amalgament point entre elles. Nous ne sommes pas plus heureux en fusions qu'en bien d'autres choses! En Espagne, l'inquisition a bien, comme notre police, des agens secrets ; mais le grand inquisiteur ne se cache point, non plus que ses principaux officiers. Ce tribunal redoutable est le seul au monde qui pardonne au repentir et à l'aveu sincère du crime quel qu'il soit : il imite en cela la justice divine. S'il a d'ailleurs quelque chose d'infernal, comme nos philosophes ne cessent de nous l'assurer, serait-ce seulement cela que nous voudrions lui emprunter?

BOURGOIN, *Proconsul en Espagne.*

« aussi invisible qu'elle est insensible; qu'elle
« n'en assure pas moins le repos et la tranquillité
« publique et n'est un objet d'effroi que pour les
« malfaiteurs et le rebut de la société. Cependant,
« si, par une de ces erreurs infiniment rares,
« (car n'attendez rien de parfait de la part des
« hommes), si, dis-je, il arrive qu'un honnête
« homme s'en trouve froissé, il n'ignore pas qu'il
« est tenu à de bien plus grands sacrifices pour
« le maintien de l'ordre social, et certes il ne
« compte pas pour tel l'obligation de soumettre
« son ouvrage à la censure littéraire, censure
« aussi douce, aussi prévenante que la police,
« où la censure civile est rude et sévère : il sait
« d'ailleurs que s'il est un faux adage, qui com-
« pare la voix du peuple à la voix de Dieu, il
« en est un plus juste, plus favorable à ce peuple
« et sur lequel il n'y a pas à varier : *salus populi*
« *suprema lex*. Le salut de tous est la première
« loi. Amis si chauds du peuple, sachez vous y
« soumettre. »

XVI.

Motifs de sécurité.

Après avoir défini nos libertés naturelles, montré combien leurs suites ont été funestes à l'humanité, et prouvé l'absolue nécessité de les restreindre et de les reprimer, comme, au reste, on l'a fait dans tous les temps, je finirai par adoucir un peu le tableau rembruni que la vérité m'a forcé d'en faire. Ce sera dans le double but de calmer les bons esprits, qui voient quelquefois un peu trop en noir, et d'ébranler fortement la confiance du petit nombre d'esprits vraiment pervers qui se croient en majorité.

Les comparaisons que l'on est porté si naturellement à faire entre le bien et la santé, le mal et la maladie, l'ame et le corps, entre le corps social et le corps humain, ces comparaisons qui nous sont si familières ne viendraient-elles pas de ce que l'on compare des choses à peu près identiques? En effet, si l'on excepte les différences constitutives qui distinguent ces divers objets et qui n'échappent pas à l'intelligence la plus vulgaire, telles, par exemple, que la spiritualité et l'immortalité de l'ame, qui la différencient si sensiblement du corps qui est matière et sujet à la mort, etc., etc., si l'on excepte, dis-je, ces différences élémentaires qui font qu'il n'existe pas plus de ressemblance que d'égalité parfaite, ne peut-on pas dire que comparer ces objets divers entre eux, c'est en quelque sorte les comparer à eux-mêmes? Qu'on dise, si l'on veut, que c'est un système; on m'accordera au moins, si l'on considère la pente naturelle qui nous y conduit, que celui-là est fortement chargé de vérités. Au reste, je n'excite personne à l'adopter, mais j'y tiens, parce qu'en beaucoup d'occasions il me rassure, et en fait de sécurités et de consolations, à moins qu'on ne les cherche tout-à-fait en l'air, il est assez sage de les prendre où on les trouve. D'ailleurs, quand je verrais une réalité où d'autres ne voient qu'une apparence, peu importe dans le fond pour ce que j'ai à dire, et l'on va en juger.

Examinons ce que chacun pourrait admirer de temps en temps, s'il n'avait rien de mieux à faire : la santé. Nous verrons que la santé n'est autre chose que l'absence du mal, qu'elle est simple, qu'elle est une, car ce que nous prenons pour ses dégradations, ne sont réellement que les gradations de la maladie, qui est multiple, ou autrement une multiplicité de maladies. Nous verrons que la santé est douce, égale, paisible, enjouée, qu'elle est un état de paix, de jouissance et outre tant d'autres avantages qui lui sont attachés, qu'elle est *la force dans toute sa vigueur*. Jetons maintenant un regard sur la maladie : nous ne voyons qu'aigreur, désordre, trouble, agitation intestine, tristesse, douleurs, division, convulsions anarchiques, état de guerre et de souffrances, et par-dessus tout, *extrême faiblesse*. Qu'on me dise que ces deux portraits ressemblent beaucoup à ceux du bien et du mal ; je répondrai que ce sont en effet ceux du bien avec tous ses avantages, et du mal avec tous ses lugubres symptômes. Je dis plus, je dis que ce sont aussi ceux de la vertu et du vice, de la vérité et de l'erreur, et je crois voir cela des mêmes yeux que tout le monde.

Donnons aussi un petit coup d'œil au corps humain, ce chef-d'œuvre de force et de délicatesse, que nous admirons un peu moins que la montre qui lui marque son heure. Ce corps, que nous aimons tant et que nous traitons si mal, ce corps dont la fragilité effraie celui qui en contemple la structure, est cependant doué d'une force peut-être encore plus étonnante : cette force est calculée sur le terme où il doit arriver, et qui lui est fixé à l'instant même où il entre à l'existence, en sorte que la ligne de vie qui lui est tracée est pour lui le chemin de la mort. C'est une erreur de croire que les maladies puissent détruire ou seulement déranger cet ordre inaltérable ; elles sont au contraire utiles à son tempérament : presque toutes, lorsqu'elles sont naturelles et indépendantes de notre volonté ou de notre imprudence, telles que la faim, la soif, l'excès du plaisir même, qui ne sont en effet que des maladies, sont faites comme pour lui préparer des jouissances. Cette force vitale est si grande, si réelle, que nous voyons tous les jours les plus faibles complexions être plus fortes que les plus graves maladies, résister à plusieurs infirmités réunies, et arriver paisiblement au but qui leur a été marqué. Qui donc alors peut déranger ce merveilleux mécanisme, et arrêter un mouvement aussi solidement réglé? Notre raison, qui ne vaut pas toujours l'instinct des animaux ; nos facultés, dont nous abusons, comme nous abusons de tout; cette liberté, en un mot, car c'est bien d'elle qu'il faut dire : *inde mali labes;* cette liberté, qui devrait être la source de tant de biens, et où nous ne savons puiser que des maux; cette liberté, dont nous ne trouvons jamais avoir assez, et qui cependant nous laisse le pouvoir de porter une main imprudente sur cet admirable ouvrage, et qui va même jusqu'à nous permettre de le détruire.

Je laisse chacun examiner à sa manière les ressemblances ou les conformités qui existent bien véritablement entre le corps humain et le corps social, autre machine dont l'ensemble, les ressorts et le mouvement ne sont pas moins dignes d'admiration. Je ferai seulement observer que le génie de l'homme, tout créateur qu'il est, étant bien sûrement incapable d'une si haute imitation, il faut que cette conformité soit l'effet de quelque instinct particulier, tel que celui que nous remarquons en certains animaux, ou bien d'un ordre de choses naturel et inconnu à notre intelligence dont l'orgueil est si souvent rabaissé. Il me suffit, pour ne pas trop m'éloigner de mon sujet, de pouvoir dire comme une chose certaine qu'il y a dans les corps politiques, comme dans les corps animés, un principe de vie et une force vitale proportionnée à leur durée; que ce principe est plus fort que tous les maux par lesquels ces corps peuvent être assiégés, et qu'il résiste à tout; que la main créatrice a marqué aux uns, comme aux autres, leur heure que rien ne peut retarder, et qu'il n'est donné qu'à l'homme de la devancer par l'abus de ses libertés.

Après cela faut-il s'étonner si, depuis quatorze siècles, le bien a constamment triomphé du mal en France? Il se fait plus lentement que le mal, mais il dure long-temps, et sa résistance calme et modérée est plus forte qu'on ne le pense communément. Déjà trois de nos générations ont vécu sur celui que les siècles précédens nous avaient amassés. Pour nous, non contens de n'y rien ajouter, nous travaillons d'un zèle vraiment étrange à dissiper ce glorieux héritage : nous allons grand train; il faut en convenir; cependant, si le gouvernement voulait encore profiter de ce qui nous en reste et en tirer parti, s'il reconnaît enfin l'empire invincible que le bien a sur le mal; si, s'appuyant sur cette force, la seule qui soit véritable, il rejette avec mépris la force convulsive des hydrophobes et des épileptiques; si enfin il prête l'oreille à la raison et la ferme sans retour aux cris de l'erreur impuissante, ne désespérons de rien. Surtout, qu'il ne s'effraie ni de l'audace des ennemis de l'ordre, ni de leur nombre. En vain ils l'exagèrent; il suffit d'un coup d'œil pour voir combien ils se font illusion :

le mal fait plus de bruit et de volume que le bien.

XVII.

Revue des forces des parties belligérantes.

Comment ce gouvernement ne voit-il pas que pour un méchant qui beugle et veut tout détruire, il y a dix mille honnêtes gens qui se taisent et veulent tout conserver? Que pour une production folle, un diable ermite et un certain journal brocanteur, qui spéculent en gros sur les mauvais principes et vendent le mensonge pour la vérité, il y a des milliers de gens instruits et éclairés qui ne lisent leur correspondance avec le public, que pour voir où ils en veulent venir et rompre leur marche anti-libérale? Comment ne voit-il pas que pour une quarantaine de savans qui, au lieu de faire de bons ouvrages, comme on en faisait avant eux, restent fixés sur une des premières lettres de l'alphabet[1] et ne peuvent parvenir à la bien articuler, parce qu'ils s'amusent à soupirer après les beaux temps des Gracques, des Sylla, des Brutus, des Tibère, ou à rêver des républiques à la Jean-Jacques, à la Penn ou à la Christophe? Que pour cette quarantaine de savans qui croient se grandir,

---

[1] Il y a un grand nombre d'années qu'ils en sont à la lettre L de la révision du Dictionnaire : mais ne nous plaignons pas, s'ils allaient plus vite, la langue française s'en trouverait mal.

en croyant rapetisser les autres, il y a mille savans véritables qui luttent victorieusement contre ce sénat littéraire en ne partageant pas ses opinions ¹, en soutenant les sciences délaissées pour la politique, et en retardant la décadence des lettres à laquelle les journaux et les académies travaillent avec tant d'ardeur? Comment ce gouvernement ne s'aperçoit-il pas que s'il a cinquante mille turbulens ou badauds, et c'est beaucoup, qui s'amusent à brailler, qui dévorent *l'homme gris* foncé et ses pareils; qui s'extasient sur le professeur d'éloquence helvétique, qui a renoncé à son cher pays pour venir nous prêcher l'amour de la patrie et de la liberté ², que s'il en est qui raffolent du prélat, passablement bavard, qui soufflette son scapin d'une main et l'encense de l'autre ³; qui signent pour eux et de noms en

---

¹ Le chef-d'œuvre du dernier de ses membres (M. Lemontey) est d'avoir attaqué la mémoire de Louis le Grand. L'opinion de cette illustre compagnie est assez connue pour qu'on puisse promettre son premier fauteuil vacant à celui qui détrônera et rapetissera cet ennuyeux, cet éternel Henri IV. J'offre aux candidats libéraux, que ce sujet éminemment français ne peut manquer de séduire, j'offre à ces dignes émules de Ravaillac, cette épigraphe qui les facilitera beaucoup : *Henri, tout grand qu'il est, ne fut pourtant qu'un homme.*

² L'Europe vient d'apprendre que M. B...... C..... est né à Lausanne en Suisse. Ses opinions comme son nom prêtant aux jeux de mots, on peut dire qu'il est le *B....... de l'erreur et inconstant en patrie.*

³ On sait que M. de P.... a baptisé du nom de Jupiter Scapin le prisonnier de Sainte-Hélène. Il travaille maintenant à le rasseoir sur ses nuées. Monseigneur est fécond, ses fagots se succèdent rapidement; l'un n'attend pas l'autre.

l'air des pétitions en masse, permises aux frères et amis par la charte de Robespierre, mais défendues à tous par celle de Louis XVIII; que si ces cinquante mille philosophes ne sentent la vie que dans le trouble et l'anarchie, et ne voient la mort que dans la paix, il y a dix millions de bonnes gens (car je ne compte pas vingt millions tant femmes, que vieillards, hycéens, petits moniteurs et enfans à la mamelle, qui, selon de fausses doctrines, ne peuvent vivre sans la liberté de la presse, la loi des élections et autres pierres angulaires) qu'il y a, dis-je, pour ces cinquante mille philosophes d'espèce nouvelle, dix millions de bonnes gens qui ne connaissent ni l'Homme Gris, ni le citoyen B. de C., ni monseigneur de M......, patriote européen; qui ne signent point de pétitions patriotiques, qui s'en remettent à la presse et aux télégraphes du soin d'influencer les élections; qui aiment mieux rester en France que de se transporter à Athènes ou à Buenos-Ayres; qui s'occupent de leurs affaires, travaillent pour leurs enfans et se soucient fort peu de les élever comme des perroquets, encore moins comme des singes, qui enfin ne connaissent d'enfer en ce monde que dans le trouble, et ne voient de bonheur que dans la paix et le repos?

Certainement la partie n'est pas égale, et à moins que le gouvernement ne prenne, comme *la feue Minerve*, ses inspirations dans la plus haute antiquité, et ne veuille dévorer lui-même ses enfans, notre pauvre France peut encore aller loin : nous voyons combien elle est encore vigoureuse. Mais puisse-t-on ne pas oublier qu'un corps auquel on ne donne que des substances nuisibles pour alimens, et pour remèdes que des poisons, quelle que doive être sa durée, quelle que soit sa force vitale, doit nécessairement succomber, et que ce ne sont alors ni ces alimens, ni ces poisons qui le tuent, mais la main qui les lui présente et qui malheureusement en a la liberté. Aussi ajouterai-je pour dernière définition de cette liberté naturelle si redoutable, qu'elle est dans l'homme une émanation de la puissance divine; que cette émanation est pour chacun de nous ce qu'elle doit être, et que pour ceux qui gouvernent les peuples elle est la foudre déposée en leurs mains pour les défendre, quand ils marchent au bien, et pour les foudroyer tôt ou tard et inévitablement s'ils se livrent au mal.

XVIII.

Recommandation de l'ame en cas de besoin.

Cependant, si malgré tant de motifs d'espoir, on continue à nous saturer de poisons; si suicide, comme l'ont été tant de ses enfans, la France doit devancer son heure; s'il est écrit que le peuple voisin que nous détestons, quoique nous l'imitions sans cesse, et dont nous avons si souvent prédit la fin, doive nous survivre; si notre folie va jusqu'à envier le sort d'un autre peuple moins rapproché de nous, et auquel nous transportons notre stupide admiration; si, malgré son exemple, nous ne craignons pas de voir notre patrie déchirée en lambeaux; si nous condamnons nous-mêmes nos enfans à se battre contre leurs frères, et à s'entr'égorger pour des intérêts qui ne seront plus les leurs; si après avoir épuisé les cent voix de la renommée, nous souhaitons qu'elle ne parle pas plus de nous que des Polonais; si, comme eux, nous voulons survivre à notre nom; enfin si après avoir méprisé le passé, dissipé follement le présent, nous voulons encore oublier l'avenir, faisons au moins pour lui ce que fait le moindre d'entre nous, lorsqu'il se croit autre chose qu'une vile matière, tâchons de finir, sinon noblement, puisque ce n'est plus dans nos mœurs, au moins sagement; tâchons de laisser après nous des souvenirs dignes de quelqu'intérêt, et faisons que la postérité qui nous jugera, ne joigne pas la pitié aux autres sentimens que nous lui inspirerons.

XIX.

Avis aux Ecrivains et Conclusion définitive.

Si c'était mon affaire de dessiller les yeux de ceux qui s'égarent en croyant faire le bien, et de ceux qui dévouent leurs talens à l'envie de nuire, si j'en avais le pouvoir et les moyens, je leur dirais en terminant ces réflexions :

« Ecrivains distingués, dont la sagesse n'a que
« plus vivement éclaté au milieu de la folie uni-
« verselle, j'admire vos écrits, mais j'ai peu com-
« pté sur leurs effets. Vous soutenez la liberté de
« la presse, comme vous avez soutenu la souve-
« raineté du peuple, les droits égaux pour tous
« et les égalités de toute espèce que se sont créé
« des esprits en démence ; vous avez parlé de la
« liberté en masse comme le vulgaire, qui n'en
« connaît aucune et qui ne voit dans tout que la
« licence; vous avez employé le sophisme pour
« défendre ces chimères, comme vous eussiez saisi
« le stylet, si, à l'aide de cette arme déloyale, vous
« eussiez pu terrasser le monstre de la révolution.
« L'intention vous excuse, mais le but est manqué;
« vous ne sauriez plus long-temps vous le dissi-
« muler. Maintenant il faut se taire, ou ne plus
« dire que la vérité. Dites-la donc, mais renoncez
« à lui prêter des déguisemens qui la déparent ;
« cessez d'altérer sa pureté même par d'innocens
« détours; elle est plus forte dans sa nudité qu'a-
« vec toutes les armes dont vous pourriez la revê
« tir. Elle ne peut pas vous donner ce que, pour
« votre malheur, vous avez déjà; mais de par
« toutes les lois du ciel et de la terre, elle vous
« donne le droit de publier vos pensées, quand
« elles ont le bien pour objet. Elle fait plus, elle
« vous l'ordonne et s'offre à vous servir de guide.
« Savans, hommes de lettres, c'est aussi à vous

« que cet ordre s'adresse. Marchez sur les traces
« de tant d'illustres écrivains qui vous ont devan-
« cés. Au lieu de leur témoigner votre reconnais-
« sance en les déprimant, que ce soit en imitant
« leur sagesse, leur respect pour la loi divine et
« humaine, leur dévouement au prince et à l'hon-
« neur, en imitant, en surpassant même leurs
« chefs-d'œuvre, s'il vous est possible. A leur exem-
« ple, ne redoutez pas la censure; son œil, comme
« celui de la loi, n'est effrayant que pour les mal-
« faiteurs. Chassez de vos rangs ceux qui n'invo-
« quent que le génie du mal, méprisez leurs cris
« et leurs sarcasmes; étouffez ces flammes volca-
« niques qui tourbillonent dans la fumée; arra-
« chez l'éteignoir aux méchans, et posez-le sur
« ces lueurs pâles, prêtes à s'éteindre elles-mê-
« mes dans les vapeurs mortelles qu'elles exhalent,
« sur ces lampes sépulcrales qui ajoutent à la
« tristesse des tombeaux; en l'épurant, vivifiez
« la lumière. Ces chefs-d'œuvre aussi vous pro-
« mettent une solide et véritable gloire.

« Auteurs plus modestes, qui ne cultivez les
« sciences et les lettres que pour elles-mêmes,
« qui bornez votre ambition au seul plaisir d'être
« utiles; qui, voués au bien, fermez la barrière
« littéraire à ceux qui s'en déclarent les ennemis;
« hommes de bien qui, pour utiliser et varier
« vos loisirs, vous occupez un peu de tout, qui
« ne pouvez voir les dangers de votre patrie,

« l'incapacité, l'indignité et les fautes de ceux
« qui la gouvernent, sans laisser échapper quel-
« ques avis, ou même quelques plaintes ; vous
« pouvez tous vous abuser sur vos lumières, sur
« vos talens : la loi ne peut vous préserver des
« épines qui bordent la carrière des lettres; mais,
« ne craignez rien de la justice, tant qu'elle vous
« rencontrera dans les sentiers du bien : célèbres
« ou obscurs, elle sait que vous êtes des hommes;
« à votre voix, elle vous reconnaîtra pour ses
« amis, et son bandeau ne sera plus pour vous
« que celui de la charité.

« Mais vous, jeunes écrivains, qui prenez l'ir-
« ritation de vos passions pour du génie, l'au-
« dace et la forfanterie pour du courage, la
« méchanceté pour de l'esprit, la superficie pour
« le fond, l'ignorance pour des lumières ; vous,
« qui prétendez être vos seuls juges et avoir le
« droit et le pouvoir de vous pardonner vous-
« mêmes, quand vous attaquez, quand vous bles-
« sez la société, sachez que cette liberté n'est
« pas faite pour vous : une plume entre vos doigts
« est une arme à feu entre les mains d'un enfant.
« Plaisantez avec la religion, avec la loi, avec
« tout ce que vous devez respecter, comme des
« écoliers badinent avec le préfet trop indulgent
« qui préside à leurs études; transportez dans
« le monde les espiégleries de collége ; mais,
« jeunes insensés, quel que soit votre âge et eus-

« siez-vous les cheveux blancs, apprenez que ces
« espiégleries, niaises dans le monde, sont cri-
« minelles lorsqu'elles s'adressent aux arbitres
« de la loi; que vos arguties, vos jeux de mots,
« vos quolibets prouvent et aggravent le délit
« qui vous a fait traduire devant eux, et que la
« correction que vous méritiez déjà n'en doit
« être que plus sévère.

« Pour vous enfin, qui n'usez de vos libertés
« naturelles que pour mettre au grand jour
« toute votre perversité, en tout temps, en tout
« pays, partout où l'on n'a pas perdu la raison,
« si l'on vous saisit cherchant des complices et
« les excitant à la révolte, on vous punit comme
« chefs de séditieux; si l'on vous saisit ayant à
« la main la torche qui va allumer l'incendie,
« ou la mèche qui va mettre le feu aux poudres,
« on vous punit comme incendiaires; si l'on vous
« surprend broyant des poisons, les débitant ou
« les mêlant aux substances alimentaires, on vous
« punit comme empoisonneurs; enfin, si l'on
« vous arrache le poignard à l'instant où vous
« allez frapper le père de la patrie, vous êtes
« punis comme d'exécrables régicides. Eh bien,
« écrivains pervers, qui, plus coupables encore,
« excitez à tous ces forfaits et qui y excitez, non-
« seulement la génération actuelle, mais les géné-
« rations futures; vous qui recrutez pour l'écha-
« faud jusque dans l'avenir, tous les châtimens

« qui purgent la société des monstres que je
« viens de citer et que vous surpassez, se réu-
« niront pour vous faire expier vos crimes. Vos
« ouvrages impies seront votre enfer dès ce mon-
« de : ils vous serviront de bûcher : et, comme
« vous avez voulu effrayer la postérité par l'é-
« normité de vos conceptions criminelles, vos
« noms couverts d'opprobre et la grandeur
« de vos supplices jetteront l'effroi parmi ceux
« qui seront jamais tentés de vous imiter. Par-
« tout où il y aura de la raison et des lois, tel est
« le traitement qui vous sera réservé. »

xx.
La force du mépris.

J'ai montré à diverses reprises, dans le cours de cette dissertation, le mépris comme le grand destructeur des mauvaises lois et de l'autorité lorsqu'elle se trouve placée en des mains indignes ou incapables. Je ne crains pas que l'on m'accuse de l'avoir conseillé, puisqu'au contraire j'ai re-présenté ses effets comme la blessure la plus dangereuse qu'un gouvernement puisse se faire, et comme le plus grand malheur pour une na-tion qui se trouve réduite à y avoir recours. Je ne suppose pas non plus que l'on m'attribue, comme une opinion qui me soit particulière, ce que j'ai dit à cet égard. En parlant des causes, j'ai dit quels effets elles ont produits, et il est évident que constitutions et ministres ne sont tombés si fréquemment de nos jours que par le mépris qui s'y est attaché. D'ailleurs, y a-t-il à approuver, à blâmer ou à conseiller ce qui est inspiré naturellement? Qui ne voit pas qu'il n'y a rien d'aussi mal assorti au monde, de plus dégoûtant, de plus insupportable que toute espèce de puissance jointe à la bassesse et à l'incapacité? Qui ne sent pas que si la haine et l'envie sont de tous nos vices ceux qui nous bourrellent le plus et qui nous attirent le plus de tribulations, le recours au mépris est la chose qui nous en garantit le mieux? C'est un abri sûr sous lequel l'orgueil humain, naturellement ami de la vengeance, ne se réfugie qu'à regret, surtout lorsqu'il est retenu par un faux point d'honneur : mais, lorsqu'une fois nous y sommes retranchés, nous y sommes parfaitement en sûreté : le tout est que ce mépris soit juste et bien fondé, et il l'est certainement, quand il devient notre seule ressource contre l'injustice unie à la puissance. Au reste, comme j'aime à m'étayer dans les sujets importans sur quelque solide autorité, voici ce que pensait Platon sur l'étrange alliage de la puissance et du vice. Comme Homère et comme tous les autres génies de ce bas monde, il a sommeillé quelquefois, notamment dans sa république; mais les rêves et les inspirations de cet homme divin ne sont pas sujets à se confondre; on va en juger. Il dit :

« Que Saturne, connaissant parfaitement l'état
« des affaires du monde, nous donna des rois et
« des conducteurs, non d'origine mortelle, mais
« divine; car, comme nous ne choisissons pas
« ordinairement les bergers parmi les moutons,
« ni les bouviers parmi les bœufs, ni les che-
« vriers parmi les chèvres; mais que nous con-
« fions la conduite de chaque chose à des êtres
« de notre espèce, comme plus capables et plus
« propres à les gouverner et à les diriger, la Pro-
« vidence a de même ordonné les génies pour
« veiller sur nous, comme étant de leur nature
« des êtres d'un ordre supérieur, en état de ré-
« gler nos démarches, de maintenir *la paix,*
« *de faire régner la liberté, la justice et la dé-*
« *cence,* et mettant fin aux murmures, de com-
« pléter le bonheur et le repos de l'humanité.
« Du moins, ce qu'on peut assurer avec vérité,
« c'est que dans tous les Etats gouvernés unique-
« ment par de simples mortels, sans aucune assis-
« tance de la Divinité, on ne rencontre que peines
« et que misères. Il résulte de ce que je viens de
« dire, que nous devons faire tous nos efforts
« pour imiter l'institution de Saturne, emprun-
« tant les secours qui nous manquent de la partie
« de nous-mêmes qui est immortelle : en nous con-
« formant exactement à ce qu'elle exige de nous,
« notre économie domestique et notre police pu-
« blique éprouveront la vertu de son influence,

« et faisant ainsi usage de notre esprit immortel,
« nous parviendrons à établir une loi stable, ou
« un mode de vivre digne de porter le nom de
« son instituteur. Mais, s'il se trouve qu'un
« gouvernement soit placé entre les mains ou
« abandonné à la discrétion d'une seule per-
« sonne, à un grand ou à un petit nombre, et
« que cet administrateur ou ces administrateurs
« s'abandonnent à la poursuite effrénée des plai-
« sirs défendus, sans avoir la force de s'opposer
« au torrent des passions qui les maîtrisent; alors
« ne se chargeant du gouvernement que pour
« enfreindre *tous les droits* des individus, il ne
« restera plus au peuple malheureux le moindre
« espoir de salut. »

(*Plato, de lege. Ed. Seranni, f°* 713, *cap.* 714.)

Ce petit morceau, qui date d'environ 2,200 ans, ne semble-t-il pas fait à notre mesure?

XXII.

Bonne foi et fidélité constitutionnelles d'un Traducteur.

N'AYANT eu ni le temps ni les moyens de viser à l'érudition, je n'ai parcouru les ouvrages de quelques anciens philosophes que pour juger, autrement que sur ouï-dire, de la haute sagesse qui nous les a si solidement recommandés. Lisant ensuite Fielding, assez bon moraliste et qui n'est pas un des mauvais auteurs anglais, j'y rencontrai le passage de Platon que je viens de citer. Surpris de voir que ce sage donnait le pas à la liberté sur la justice, et qu'il semblait faire consister le salut du peuple uniquement dans le maintien de ses *droits*; croyant aussi voir dans ce passage une teinte plus fraîche, mais moins solide que la couleur antique de Platon, je voulus dissiper mes doutes et j'eus recours à l'édition que j'ai indiquée d'après Fielding. J'y vis en effet que Platon donne la dernière place à la justice, mais comme nous la donnons au Saint-Sacrement dans nos cérémonies religieuses, et avec toute la pompe que nous croyons propre à en faire ressortir l'excellence et la majesté; que la liberté n'est placée qu'après la décence, mais que les droits du peuple ni ceux des individus ne figurent pour rien là-dedans; et que c'est Fielding, ou quelqu'autre traducteur anglais, qui a mis tout bonnement ces droits à la place que Platon a assignée à la loi: sans doute ce traducteur a pensé que loi et droits du peuple étaient synonymes. Voici la traduction latine que quelqu'un de plus savant que moi m'a assuré être bien conforme au texte grec qui est en regard.

« *Eodem modo Deus, generis humani amans,*
« *dæmonum genus generi nostro præfecit, quod*
« *dùm et ipsorum dæmonum et nostro etiam commodo consuleret* pacem, pudicitiam, libertatem, infinitamque justitiæ copiam *præbebat,*
« *quò generis humani societas procul a seditione*

« *et tumultu summâ cum felicitate coleretur*......
« *Et animum voluptatibus cupiditatibusque irre-*
« *tiat, seque his exsatiari percupiat, neque sibi*
« *temperare vilo modo possit, sed infinito quodam*
« *inexplebilique malo, veluti morbo divexetur,*
« *dominetur autem civitati aut privatis nonnul-*
« *lis ; ille nimirum conculcatis* legibus, *nullam*
« *reipublicæ salutis spem reliquit.* »

XXII.

Traduction de Platon par un Officier en retraite.

D'APRÈS cela, il est probable qu'un de nos officiers en retraite ayant à nous rendre ces mots : *præbere justitiam, pacem, pudicitiam et libertatem,* les traduirait ainsi : faire régner la guerre et ses compagnons fidèles, la gloire, l'abondance, la prospérité des peuples, etc., etc. Un révolutionnaire libéral traduirait plus naturellement le mot *dæmo, génie*, par celui de démon. Il paraît que c'a été la version de beaucoup d'électeurs.

XXIV.

Sur l'inégalité nécessaire jusque dans la loi.

LA loi civile était tellement égale pour tous, avant la révolution, que le Roi perdait presque tous les procès que ses agens avaient avec les particuliers, soit pour le fisc, soit pour ses domaines : il ne peut donc être question dans toutes les criailleries qu'on s'est permises contre nos anciennes lois, que des inégalités qui se trouvaient dans quelques lois criminelles, ou plutôt des exceptions nécessaires qui devaient s'y rencontrer, et qui leur imprimaient un des caractères essentiels de la loi; car les exceptions, lorsqu'elles sont prévues et qu'on n'en abuse pas, comme l'on fait aujourd'hui, loin d'atténuer une loi, la corroborent et sont un des meilleurs garans de sa stabilité.

La loi criminelle n'est-elle pas assez égale quand elle juste? Une égalité parfaite dans cette loi ne serait-elle pas souvent très injuste et une égalité proportionnelle, quoiqu'elle soit difficile à établir bien rigoureusement, ne lui convient-elle pas infiniment mieux? La loi du talion, qu'on crut long-temps très juste, l'était-elle réellement, et pouvait-elle toujours s'exécuter? Ces simples questions suffiraient seules pour prouver que l'imprudente loquacité de nos faiseurs de lois est loin de valoir la sage réserve des véritables législateurs, quand ceux-ci disaient : *summum jus, summa injuria*. Ils sentaient ce qu'ils disaient.

Les philosophes qui ne pensent qu'à eux, qui s'embarrassent fort peu des dangers et des maux visiblement attachés à l'égalité pure et simple, et à l'égalité en droits, mais qui reconnaissent, ou peu s'en faut, l'impossibilité de les établir, se sont cru plus sûrs de leur fait en s'accrochant à l'égalité devant la loi. Ils n'ignorent pas que l'exactitude mathématique, seule parfaitement juste, perd déjà beaucoup dans son application aux résultats physiques; comment ne sentent-ils pas que cette exactitude perd encore davantage, lorsqu'on prétend l'appliquer à la morale? Les législateurs ont pu prendre le niveau, le compas, la balance pour les emblèmes de la justice; mais, à coup sûr, ils ne les ont pas pris pour règle de leurs travaux; ou s'ils l'ont fait quelquefois, ce n'a été qu'avec une bien grande circonspection. Montrer aux détracteurs de nos anciennes lois, que ces lois étaient justes pour tous, autant qu'il est donné à l'homme de concevoir la justice, ce sera leur prouver qu'ils ne savent ce qu'ils disent avec leur égalité devant la loi.

Pour avoir commis le même crime, un simple citoyen était pendu, tandis qu'un noble n'était *que* décapité. S'il ne s'agissait que du supplice, les amis de l'humanité, qui ont applaudi à l'invention du législateur Guillotin, pourraient préférer la hache à la potence : cela dépend des goûts, et on ne leur envierait guère un si triste privilége; mais il y avait une inégalité bien grande entre ces deux châtimens : d'un côté, il n'y avait sûremens pas de l'honneur; de l'autre, il y avait infamie, et bien plus, infamie qui rejaillissait sur la famille du supplicié. L'inégalité est évidente, voyons si l'injustice le sera aussi.

La loi ne se venge point, mais elle débarrasse

la société de ceux qui s'en déclarent les ennemis en attentant à la propriété ou à la vie d'un de ses membres. Le supplice qu'elle leur inflige n'a pour but que d'effrayer ceux qui seraient enclins à les imiter : l'infamie qu'elle y attache et qui s'étend à la famille du coupable, est une punition qu'elle inflige à cette famille, pour n'avoir pas veillé à la conduite d'un de ses membres, pour ne l'avoir pas aidé de conseils et surtout d'exemple, pour ne l'avoir pas secouru, si la détresse a été la cause de son crime, enfin pour l'avoir abandonné à lui-même, au lieu d'avoir prévenu ou fait prévenir par le magistrat les crimes auxquels ses premiers excès ou ses penchans devaient l'entraîner. C'est rigide, mais tout est juste, lorsqu'il s'agit d'assurer le repos de la société. Au reste, dans ce cas, la loi et le préjugé se sont toujours prêté une force mutuelle; et, encore à présent, la loi a beau s'être relâchée, les libéraux auront beau dire, à part les assassinats révolutionnaires, il n'est pas plus honorable d'avoir dans sa famille un guillotiné, ou un flétri, qu'il ne l'était auparavant d'y avoir un pendu.

Mais, pourquoi cette rigueur n'était-elle pas la même à l'égard d'une famille noble? C'est que ses principaux membres servant presque toujours l'État dans des postes élevés, soit à l'armée, soit dans l'Eglise, soit dans la magistrature, et souvent éloignés de leur famille, ils étaient plus excusables de négliger quelques-uns des devoirs imposés par la loi, attendu ceux encore plus importans qu'elle attachait à leurs fonctions, et que d'ailleurs leur *exemple* n'avait pas favorisé le penchant au crime de celui de leurs parens qui s'était rendu coupable ; c'est qu'il était à craindre, dans l'intérêt de l'Etat, que l'infamie, en s'attachant à eux, ne rejaillît sur les places qu'ils occupaient, sur les dignités dont ils étaient revêtus et qu'ils avaient méritées ; c'est enfin que l'Etat pouvait et devait même, dans une circonstance déjà si douloureuse pour elles, tenir compte à ces familles des nombreux services qu'elles lui avaient rendus : car il ne faut pas rendre la patrie ingrate, si l'on ne veut pas que ses enfans le deviennent : au surplus, la clémence du Prince, que l'on a si souvent taxée de faiblesse et que l'on aime aujourd'hui à convertir en injustice, cette clémence, modératrice des rigueur de la loi, pour peu qu'il y eût lieu à y recourir, venait aussi bien au secours des plus humbles que des plus nobles familles. Concluons donc qu'il y avait inégalité dans la loi criminelle, mais qu'il n'y avait pas injustice.

Cela devrait suffire ; cependant, comme c'est ici le principal grief des frondeurs de nos anciennes lois, qu'ils attaquent dans ce qu'elles avaient de plus juste, voyons encore comment on jugeait le cas cité plus haut, lorsqu'il y avait des circonstances aggravantes, telles que monstruosité, trahison, lâcheté, bassesse. Alors toute considération cessant à l'égard du noble, il était condamné au même supplice que le roturier, mais après avoir subi une peine de plus : la dégradation. C'était inégal, mais c'était juste : C'était une loi française où l'homme était compté pour quelque chose....... Maintenant nous sommes anglais !

Il est présumable que nos législateurs modernes s'étaient fort peu occupés de l'histoire de leur pays. Ils y auraient vu, à la vérité, très peu de grands seigneurs roués ou pendus pour avoir volé et assassiné sur les grandes routes, tout comme nous voyons très rarement des riches négocians punis pour les mêmes méfaits : mais ils y auraient vu que la loi était bien plus sévère pour les grands que pour les petits. S'ils ne voulaient pas se donner la peine de le voir dans nos annales, que ne le demandaient-ils aux Biron, aux Montmorenci, aux Lally-Tollendal et à tant d'autres personnages illustres qu'ils ont daigné reconnaître pour leurs collègues. Ils auraient appris d'eux, que du temps de leurs pères, on ne connaissait pas les *inviolables* ; que la loi était pour tous, même pour les ministres, auxquels elle accordait protection et non point impunité; qu'on ne parlait pas tant de *responsabilité*, mais que les grands répondaient réellement de leur trahison, de leurs infidélités et quelquefois même de leur impéritie.

Mais, à quoi bon parler raison à des libéraux qui ont juré de ne plus l'entendre? Laissons-les aller, puisque rien ne peut les arrêter ; mais je leur dirai : « Décrétez toutes les égalités possi-
« bles, celle des peines et celle des crimes ; mais
« jamais vous ne ferez croire à personne que
« le pauvre malheureux, enrôlé par force, qui
« déserte, mérite le même châtiment que le sa-
« crilége, le régicide et l'incendiaire. »

Horace, qui était philosophe, poète, païen, mais qui avait du jugement, disait, il y a près de deux mille ans : « Qu'on ne lui persuaderait
« jamais par de bonnes raisons que celui qui
« volait quelques légumes dans un jardin, com-
« mît un aussi grand crime que celui qui, pen-
« dant la nuit, pillait le temple des Dieux. »

Nec vincet ratio hoc, tantumdem ut peccet, idemque
Qui teneros cautes alieni fregerit horti,
Et qui nocturnus Divûm sacra legerit....

Sans doute Horace répondait à quelque libéraux de son temps qui se plaignaient de l'inégalité des lois et des peines, et qui trouvaient, par principe d'humanité, que tous les crimes sont égaux. Quoi qu'il en soit, le langage aussi élégant que simple qu'il sait parler à la raison, sera admiré dans deux mille ans encore, et dans dix ans, peut-être plus tôt, on rira de pitié de nos prétendues égalités et des prétendus savans qui les prêchent.

FIN.

www.ingramcontent.com/pod-product-compliance
Lightning Source LLC
LaVergne TN
LVHW050643090426
835512LV00007B/1006